LETRAMENTO E ALFABETIZAÇÃO

EDITORA AFILIADA

Questões da Nossa Época
Volume 15

Dados Internacionais de Catalogação na Publicação (CIP)
(Câmara Brasileira do Livro, SP, Brasil)

Tfouni, Leda Verdiani
 Letramento e alfabetização / Leda Verdiani Tfouni. —
9. ed. — São Paulo : Cortez, 2010. — (Coleção questões da
nossa época ; v. 15)

 Bibliografia.
 ISBN 978-85-249-1631-1

 1. Alfabetização (Educação de adultos) 2. Analfabetos
3. Escrita 4. Letramento I. Título. II. Série.

10-07680   CDD-374.0124

Índices para catálogo sistemático:

1. Adultos não alfabetizados : Letramento : Educação de
 adultos   374.0124
2. Escrita : Alfabetização de adultos : Educação 374.0124

Leda Verdiani Tfouni

LETRAMENTO E ALFABETIZAÇÃO

9ª edição
2ª reimpressão

LETRAMENTO E ALFABETIZAÇÃO
Leda Verdiani Tfouni

Capa: aeroestúdio
Preparação de originais: Solange Martins
Revisão: Maria de Lourdes de Almeida
Composição: Linea Editora Ltda.
Coordenação editorial: Danilo A. Q. Morales

Nenhuma parte desta obra pode ser reproduzida ou duplicada sem autorização expressa da autora e do editor.

© 1995 by Autora

Direitos para esta edição
CORTEZ EDITORA
Rua Monte Alegre, 1074 – Perdizes
05014-001 – São Paulo - SP
Tel.: (11) 3864-0111 Fax: (11) 3864-4290
e-mail: cortez@cortezeditora.com.br
www.cortezeditora.com.br

Impresso no Brasil — fevereiro de 2017

Sumário

Apresentação à 9ª edição 7

Prólogo 9

1. Escrita, alfabetização e letramento 11

2. Perspectivas históricas e a-históricas do
   letramento 30

3. Autoria e letramento: análise das narrativas
   orais de ficção de uma mulher analfabeta 49

4. Letramento e atividade discursiva 65

5. Sujeito da escrita e sujeito do letramento:
   coincidência? 85

Referências bibliográficas 97

Apresentação à 9ª edição

Como é do conhecimento de todos que circulam pelos meios acadêmicos, o termo "letramento" é um neologismo, que foi apenas recentemente dicionarizado. A introdução da palavra na língua portuguesa deu-se no início da década de 1980, quando começaram a chegar ao Brasil publicações inglesas, norte-americanas e ainda traduções para o inglês de obras que abordavam a questão, escritas por Luria e Vygotsky. Deve-se destacar que nesses trabalhos nem de longe havia um consenso sobre o que fosse "literacy". Várias abordagens teóricas, advindas de diversas disciplinas, que iam desde o marxismo revisitado, passando pela psicologia transcultural e cognitiva, chegando à antropologia, vieram trazer para os pesquisadores brasileiros da área de estudos da linguagem, muita perplexidade, mas também uma contribuição sem medida para a reflexão original que desde então tem constituído os estudos do que se denomina, hoje, de letramento.

Deste modo, o aparecimento desta nova área de estudos e pesquisas veio marcada pela heterogeneidade, e assim continua até hoje, pois, sendo filiada à linguística e às teorias da linguagem em geral, o mosaico que se mostra atualmente é multifacetado, numa réplica às várias correntes e vertentes teóricas que informam essas disciplinas.

A concepção particular de letramento que eu tenho — desde 1980, quando comecei a dedicar-me ao tema — começa seu questionamento por aquele grupo que em geral é esquecido e relegado a segundo plano entre os especialistas que se debruçam sobre essa questão. Refiro-me aos não-alfabetizados.

Desde então, tenho dirigido minhas questões para tentar definir e formalizar uma teoria do letramento que não esteja voltada apenas para a aquisição da leitura e da escrita, mas que também tenha preocupações políticas e sociais de inclusão e justiça, principalmente através dos mecanismos educacionais. Este livro representa o marco inaugural dessa tarefa.

Prólogo

Este é um livro desafiador, tanto para mim, autora, quanto para o leitor. Isto porque seu objetivo é propor um novo discurso teórico e uma nova abordagem para a questão da aquisição da escrita.

Apresento aqui uma série de trabalhos que venho produzindo desde 1982, quando comecei a pesquisar adultos não alfabetizados. Minha investigação científica dirigiu-se, desde o princípio, para o *avesso* daquilo que se estava habituado a observar em trabalhos desse tipo.

Explico-me melhor: enquanto a grande maioria desses trabalhos procura descrever o que acontece com um indivíduo, ou um grupo (geralmente, crianças), quando adquire a escrita e torna-se alfabetizado, minhas preocupações voltaram-se para olhar o que acontece com adultos *não alfabetizados* que vivem em uma sociedade que se organiza fundamentalmente por meio de práticas escritas, ou seja, uma sociedade *letrada*.

A primeira coisa que notei nesse processo foi que com certeza não se podia atribuir a essas pessoas as mesmas características que a literatura atribui às sociedades *iletradas*, que são aquelas que não possuem um sistema de escrita.

Dei-me conta, como consequência, de uma lacuna linguístico-discursiva, que se resumia no seguinte: a falta, em nossa língua, de uma palavra que pudesse ser usada para designar esse processo de estar exposto aos usos sociais da escrita, sem no entanto saber ler nem escrever. Foi dessa constatação que surgiu o neologismo *letramento*.

Creio que nos capítulos que compõem este livro os leitores encontrarão justificativas mais do que suficientes para a adoção do termo. Linguistas, educadores, psicólogos, fonoaudiólogos, pedagogos, e todos aqueles que têm interesse ou curiosidade pela natureza da linguagem encontrarão aqui, espero, motivos para uma reflexão crítica sobre estas questões tão atuais que são o letramento, a alfabetização e o analfabetismo.

Leda Verdiani Tfouni
Ribeirão Preto, janeiro de 1995.

1
Escrita, alfabetização e letramento*

> *Como decifrar pictogramas de há dez mil anos se nem sei decifrar minha escrita interior?*
>
> Carlos Drummond de Andrade, "O outro"

Apesar de estarem indissolúvel e inevitavelmente ligados entre si, escrita, alfabetização e letramento nem sempre têm sido enfocados como um conjunto pelos estudiosos. Diria inicialmente que a relação entre eles é aquela do *produto* e do *processo*: enquanto os sistemas de escrita são um produto cultural, a alfabetização e o letramento são processos de aquisição de um sistema escrito.

A alfabetização refere-se à aquisição da escrita enquanto aprendizagem de habilidades para leitura, escrita e as chamadas práticas de linguagem. Isso é levado a efeito, em geral, por meio do processo de escolarização e, portanto,

---
* Este capítulo foi originalmente publicado sob a forma de artigo no periódico *Cadernos CEVEC*, n. 4, 1988, p. 18-24.

da instrução formal. A alfabetização pertence, assim, ao âmbito do individual.

O letramento, por sua vez, focaliza os aspectos sócio-históricos da aquisição da escrita. Entre outros casos, procura estudar e descrever o que ocorre nas sociedades quando adotam um sistema de escritura de maneira restrita ou generalizada; procura ainda saber quais práticas psicossociais substituem as práticas "letradas" em sociedades ágrafas.

Desse modo, o letramento tem por objetivo investigar não somente quem é alfabetizado, mas também quem não é alfabetizado, e, nesse sentido, desliga-se de verificar o individual e centraliza-se no social. A seguir, farei comentários mais específicos sobre os três componentes desse tema. Adianto, no entanto, que a questão não se esgota aí; pelo contrário, ela apenas se inicia.

Escrita

A escrita é o produto cultural por excelência.[1]

É, de fato, o resultado tão exemplar da atividade humana sobre o mundo, que o livro, subproduto mais acabado da escrita, é tomado como uma metáfora do corpo humano: fala-se nas "orelhas" do livro; na sua página de "rosto"; nas notas de "rodapé", e o capítulo nada mais é do que a "cabeça" em latim.

---

1. Estou entendendo "cultura", aqui, no sentido do materialismo histórico, onde estão embutidas as categorias: consciência (atividade reflexiva); poder de decisão; proposição de finalidades pessoais; historicidade; construção e transformação da natureza.

Historicamente, a escrita data de cerca de 5.000 anos antes de Cristo. O processo de difusão e adoção dos sistemas escritos pelas sociedades antigas, no entanto, foi lento e sujeito, é óbvio, a fatores político-econômicos. O mesmo se pode dizer sobre os tipos de códigos escritos criados pelo homem: pictográficos, ideográficos ou fonéticos, todos eles, quer simbolizem diretamente os referentes concretos, quer "representem" o "pensamento" (ou "ideias"), ou ainda os sons da fala, não são produtos neutros; são antes resultado das relações de poder e dominação que existem em toda sociedade. Falarei mais detalhadamente sobre esse aspecto a seguir.

Costuma-se pensar que a escrita tem por finalidade difundir as ideias (principalmente a escrita impressa). No entanto, em muitos casos ela funciona com o objetivo inverso, qual seja: ocultar, para garantir o poder àqueles que a ela têm acesso. Serve como ilustração o caso da Índia, onde a escrita esteve intimamente ligada aos textos sagrados, que só eram acessíveis aos sacerdotes, e aos "iniciados", isto é, aqueles que passavam por um longo processo de "preparação" (que era, no fundo, a garantia de que poderiam ler esses mesmos textos guardando segredo deles). Aliás, o caráter hermético de algumas religiões, seus segredos e seus poderes, está relacionado com o maior ou menor controle sobre seus textos escritos. Relativamente recente é o caso do catolicismo, que, quando premido pelo avanço de religiões "alternativas", resolveu "popularizar-se", e a primeira providência nesse sentido foi traduzir os textos sagrados, que antes eram em latim, para línguas vernáculas...

Na China temos outro exemplo dessa não neutralidade, agora relativo ao tipo de código escrito adotado: o sistema ideográfico da escrita chinesa funcionou durante séculos como forma de garantir o poder aos burocratas e aos religiosos (confucionistas). Com efeito, tanto a quantidade elevada quanto o grau de sofisticação dos ideogramas são barreiras que impedem que as pessoas do povo possam aprender a ler e escrever.

Kathleen Gough (1968, p. 68), falando sobre a questão, relata que "apesar de a escrita alfabética ser conhecida dos chineses desde o século II d.C., eles se recusaram a aceitá-la até a época atual [...] provavelmente porque [...] seu código mais desajeitado [...] havia, há séculos, se tornado o meio de expressão de uma vasta produção literária, *além de estar inextricavelmente ligado às instituições religiosas e de ser aceito como marca distinta das classes educadas*" (grifos meus).[2]

Outra evidência de que não é casual a relação entre a resistência de algumas classes sociais chinesas à adoção do alfabeto, e a manutenção dessa sociedade em estado feudal até recentemente, é apresentada por Jack Goody (1968, p. 23), quando cita um poeta revolucionário chinês, Hsiao San, que fez a seguinte denúncia: "Na realidade, a escrita hieroglífica nada mais é que um sobrevivente arcaico da época feudal, um símbolo da escravização das massas trabalhadoras pela classe dirigente". E Mao Tsé-tung (também citado por Goody) declarou, em 1951, que "a linguagem escrita deve ser reformada; ela deve seguir a direção comum da fonetização, a mesma que foi seguida pelas línguas do mundo" (1968, p. 24).

---

2. Todas as traduções de obras estrangeiras, constantes na bibliografia, são de responsabilidade da Autora.

Se a escrita está associada, desde suas origens (como acabei de mostrar), ao jogo de dominação/poder, participação/exclusão que caracteriza ideologicamente as relações sociais, ela também pode ser associada ao desenvolvimento social, cognitivo e cultural dos povos, assim como a mudanças profundas nos seus hábitos comunicativos. A mais antiga forma de escrita de que se tem notícia surgiu na Mesopotâmia (atualmente partes do Irã e do Iraque). Era a escrita suméria, peças de argila utilizadas dentro dos templos para gravar as relações de troca e empréstimo de mercadorias que lá se realizavam, e que coincide historicamente com outras "inovações como a roda, a organização da agricultura e a engenharia hidráulica", assim como "um comércio que cresceu regularmente e uma cultura que se estendeu a povos vizinhos e alcançou terras longínquas como a Índia e a China" (Valverde, 1987, p. 4).

No Ocidente, a escrita alfabética (sistema fonográfico, em que sinais gráficos representam sons de fala) foi introduzida na Grécia e Jônia por volta do século VIII a.C.

Inicialmente, contudo, não ocorreram mudanças decorrentes na cultura de tradição oral daquela sociedade, visto que o processo de difusão de um sistema escrito é demorado, levando, muitas vezes, séculos. Por esse motivo é que somente nos séculos V e VI a.C. foi possível reconhecer a sociedade grega como generalizadamente "letrada". Não é por coincidência que esse seja o momento histórico em que a sociedade grega passou por um processo de radicais transformações culturais e político-sociais. O aparecimento, entre outras coisas, do pensamento lógico-empírico e filosófico, a formalização da história e da lógica enquanto disciplinas intelectuais, e a própria democracia grega têm íntima relação com a expansão e solidificação da escrita fonética na Grécia e Jônia.

Segundo Valverde, um dos motivos dessas profundas mudanças em várias áreas está no fato de que "ao contrário de outras civilizações de seu tempo, a sociedade grega não conhece uma casta sacerdotal que monopolize os livros sagrados. *A própria escrita não é um segredo dos governantes e escribas, mas de domínio comum e discussão de ideias*" (1987, p. 14; grifos meus).

Em resumo, a escrita pode ser tomada como uma das causas principais do aparecimento das civilizações modernas e do desenvolvimento científico, tecnológico e psicossocial da sociedade nas quais foi adotada de maneira ampla. Por outro lado, não podem ser esquecidos fatores como as relações de poder e dominação que estão por trás da utilização restrita ou generalizada de um código escrito.

Alfabetização

Existem duas formas segundo as quais comumente se entende a alfabetização: ou como um processo de aquisição individual de habilidades requeridas para a leitura e escrita, ou como um processo de representação de objetos diversos, de naturezas diferentes.

O mal-entendido que parece estar na base da primeira perspectiva é que a alfabetização é algo que chega a um fim, e pode, portanto, ser descrita sob a forma de objetivos instrucionais. Como processo que é, no entanto, parece-me antes que o que caracteriza a alfabetização é a sua incompletude, e que a descrição dos objetivos a serem atingidos deve-se a uma necessidade de controle mais da *escolarização* do que da alfabetização. De fato, a alfabetização está intimamente ligada à instrução formal e às práticas escolares, e é muito difícil lidar com essas variáveis separadamente.

Por esse motivo, muitas vezes se descreve o processo de alfabetização como se ele fosse idêntico aos objetivos que a escola se propõe enquanto lugar onde se alfabetiza.

William Teale parece separar os dois processos (alfabetização e escolarização) quando afirma que "... a prática da alfabetização não é meramente a habilidade abstrata para produzir, decodificar e compreender a escrita; pelo contrário, quando as crianças são alfabetizadas, elas usam a leitura e a escrita para a execução das práticas que constituem sua cultura" (1982, p. 559).

Fica aparente, portanto, que, de um ponto de vista sociointeracionista, a alfabetização, enquanto processo individual, não se completa nunca, visto que a sociedade está em contínuo processo de mudança, e a atualização individual para acompanhar essas mudanças é constante. Por exemplo, produzir ou decodificar significativamente um texto narrativo simples de uma cartilha ou manual didático, e um texto que descreve o funcionamento de um computador, não constituem duas atividades iguais, do ponto de vista da alfabetização do mesmo indivíduo. Assim, talvez seja melhor não falar em alfabetização simplesmente, mas em *graus*, ou *níveis*, de alfabetização. O movimento do indivíduo dentro dessa escala de desempenho, apesar de inicialmente estar ligado à instrução escolar, parece seguir posteriormente um caminho que é determinado sobretudo pelas práticas sociais nas quais ele se engajar.

Vejo, então, com uma certa desconfiança estudos (e estudiosos) que privilegiam no processo de alfabetização aqueles que são definidos como objetivos da escolarização, sem fazer as devidas distinções, inclusive do ponto de vista ideológico.

Pierre Giroux (1983) esclarece brilhantemente essa questão. A citação será um pouco longa, e peço desculpas por isso aos leitores, mas não acredito que conseguiria, com minhas próprias palavras, exprimir a questão mais claramente do que Giroux. Vejamos o que ele diz: "A alfabetização é um tema que, no atual debate sobre o papel e o objetivo da escolarização, parece ter 'escapado' às ideologias que o informam. À primeira vista, há um curioso paradoxo no fato de que, embora a alfabetização tenha se tornado outra vez um item educacional em evidência, o discurso que domina o debate distancia-se de uma análise significativa da questão, representando um retrocesso conservador. Em outras palavras, a expansão do interesse pela alfabetização e pela escolarização tem geralmente servido para enfraquecer as análises ao invés de enriquecê-las. [...] A crítica ao atual debate sobre a alfabetização e a escolarização é importante, porque indica como, em parte, a produção de significados e do saber escolar é determinada por relações mais amplas de poder. Além disso, tal crítica revela o instrumental lógico e a ideologia positivista que dominam aqueles discursos pondo também a nu os interesses sociopolíticos que são servidos por eles. Por exemplo, dentro do atual contexto, a alfabetização é definida principalmente em termos mecânicos e funcionais. Por um lado, é reduzida ao domínio de 'habilidades' fundamentais. Neste caso, é apresentada como 'determinadas habilidades para usar a linguagem escrita, o que inclui tanto as habilidades relativas à linguagem escrita, como um segundo sistema representacional para a linguagem falada e uma memória visual, externa' (Stricht, 1978). Por outro lado, torna-se completamente subjugada à lógica e às necessidades do capital e o seu valor é definido e medido pela exigência daquelas habilidades de ler e escrever necessárias para a expansão do processo do trabalho envolvido na 'produção em massa de informação, comunicação e finanças' (Aronowitz, 1981, p. 53-55)" (Giroux, 1983, p. 57-58).

Giroux continua sua argumentação acerca das relações entre alfabetização e escolarização dizendo que: "A relação entre alfabetização e escolarização torna-se clara se considerarmos que, embora a criança possa primeiramente entrar em contato com a linguagem através de sua família, é principalmente na escola que a alfabetização se consuma" (1983, p. 59).

Desse modo, o ato de alfabetizar passa a existir somente enquanto parte das práticas escolares, e ignoram-se sistematicamente as práticas sociais mais amplas para as quais a leitura e escritura são necessárias, e nas quais serão efetivamente colocadas em uso. O autor afirma a esse respeito que: "A ideologia instrumental expressa-se através de uma abordagem puramente formalista da escrita, caracterizada por uma ênfase em regras, exortações sobre o que fazer e o que não fazer quando se escreve. Ao invés de tratar a escrita como um processo que é tanto o meio como o produto da experiência de cada um no mundo, esta posição despe a escrita de suas dimensões críticas e normativas e a reduz à aprendizagem de habilidades que, ao nível mais restrito, enfatiza o domínio de regras gramaticais. Em um nível mais 'sofisticado' — mas não menos positivista — a ênfase é posta no domínio formalista de estruturas sintáticas complexas, frequentemente sem considerar o seu conteúdo" (Ibid., p. 66).

A questão do conteúdo, central em todo processo de alfabetização, não pode ser ignorada: enquanto discutem coisas consideradas "essenciais", tais como: "prontidão", correspondência som-grafema etc., algumas pessoas se esquecem da "natureza do objeto de conhecimento envolvendo essa aprendizagem" (Ferreiro, 1987, p. 9).

Entramos aqui na segunda concepção, já apresentada, sobre a alfabetização: o processo de representação. Dentro dessa perspectiva, Emilia Ferreiro afirma que esse objeto (a escrita) não deve ser tomado como "um código de transcrição gráfica das unidades sonoras" (1987, p. 12), mas sim como um sistema da representação que evoluiu historicamente. Deste segundo modo é que ele deve ser enfocado no processo de alfabetização, isto é, não se deve privilegiar a mera codificação e decodificação de sinais gráficos no ensino da leitura/escrita, mas sim respeitar o processo de *simbolização* — e este a criança vai percebendo que a escrita representa, na medida do próprio desenvolvimento da alfabetização.

O que deve ser enfatizado, portanto, seriam os "aspectos construtivos" das produções infantis durante a alfabetização.

Sob este segundo enfoque, então, a alfabetização não é mais vista como sendo o ensino de um sistema gráfico que equivale a sons. Um aspecto que tem que ser considerado nessa nova perspectiva é que a relação entre a escrita e a oralidade não é uma relação de dependência da primeira à segunda, mas é antes uma relação de interdependência, isto é, ambos os sistemas de representação influenciam-se igualmente.

Nesse sentido, o processo de representação que o indivíduo deve aprender a dominar durante a alfabetização não é linear (som-grafema); é antes um processo complexo, que acompanha o desenvolvimento, e que passa por estágios que vão desde a microdimensão (por exemplo, representar o som |s| com os grafemas *ss* (osso), *c* (cena), *sc* (asceta), *xc* (exceto) etc.) até um nível mais complexo (representar o interlocutor ausente durante a produção de uma carta, por exemplo).

Em resumo, e concluindo, temos então que a concepção que em geral se faz a respeito da aquisição da linguagem escrita (alfabetização) corresponde a um modelo linear e "positivo" de desenvolvimento, segundo o qual a criança aprende a usar e decodificar símbolos gráficos que representam os sons da fala, saindo de um ponto "x" e chegando a um ponto "y". A realidade, no entanto, passa por outras variáveis, e vai desde a questão da escolarização, que ocorre em geral junto com a alfabetização, até a consideração de que esse não é um processo linear, que envolve níveis de complexidade crescentes, em cada um dos quais diferentes objetos são contemplados e construídos pela criança.

Uma das perguntas que o alfabetizador deve fazer-se é: qual a natureza desses objetos? Outra, relacionada com a anterior, é: quais as práticas sociais que exigirão da criança o domínio da escrita, e em que medida, enquanto alfabetizador, eu estou preparado para elas?

Letramento

Enquanto a alfabetização se ocupa da aquisição da escrita por um indivíduo, ou grupo de indivíduos, o letramento focaliza os aspectos sócio-históricos da aquisição de um sistema escrito por uma sociedade. Entre outras, os estudiosos do letramento procuram responder às seguintes questões básicas:

— Quais mudanças sociais e discursivas ocorrem em uma sociedade quando ela se torna letrada?

— Grupos sociais não alfabetizados que vivem em uma sociedade letrada podem ser caracterizados do mesmo modo que aqueles que vivem em sociedades "iletradas"?

— Como estudar e caracterizar grupos não alfabetizados cujo conhecimento, modos de produção e cultura estão perpassados pelos valores de uma sociedade letrada?

Os estudos sobre o letramento, desse modo, não se restringem somente àquelas pessoas que adquiriram a escrita, isto é, aos alfabetizados. Buscam investigar também as consequências da ausência da escrita a nível individual, mas sempre remetendo ao social mais amplo, isto é, procurando, entre outras coisas, ver quais características da estrutura social têm relação com os fatos postos.

A ausência tanto quanto a presença da escrita em uma sociedade são fatores importantes que atuam ao mesmo tempo como causa e consequência de transformações sociais, culturais e psicológicas às vezes radicais.

Para Vygotsky (1984), o letramento representa o coroamento de um processo histórico de transformação e diferenciação no uso de instrumentos mediadores. Representa também a causa da elaboração de formas mais sofisticadas do comportamento humano que são os chamados "processos mentais superiores", tais como: raciocínio abstrato, memória ativa, resolução de problemas etc.

Em termos sociais mais amplos, o letramento é apontado como sendo produto do desenvolvimento do comércio, da diversificação dos meios de produção e da complexidade crescente da agricultura. Ao mesmo tempo, dentro de uma visão dialética, torna-se uma causa de transformações históricas profundas, como o aparecimento da máquina a vapor, da imprensa, do telescópio, e da sociedade industrial como um todo.

É preciso ter em conta, no entanto, que, conforme afirma Ginzburg, "os instrumentos linguísticos e conceituais" que o letramento coloca à disposição dos indivíduos não são "neutros nem inocentes" (1987, p. 132).

O mesmo Ginzburg, narrando o caso fascinante e emocionante de Menocchio, um moleiro italiano que no século XVI foi perseguido, torturado e condenado pela Inquisição por suas ideias "heréticas", faz implicitamente uma análise das influências do letramento sobre os indivíduos pertencentes às classes subalternas naquela época. É, ao mesmo tempo, um estudo das relações entre letramento e poder, que deixa aparecer claramente que a condenação de Menocchio não foi devida ao fato de saber ler, mas sim porque antepôs aos textos sagrados (considerados como indiscutíveis, e possíveis de interpretação apenas através da "chave" dos representantes da Igreja católica), a sua cosmogonia pessoal. Desse modo, a leitura pessoal que Menocchio fazia dos principais livros sobre a história sagrada e a religião, que circulavam na Europa na época, não lhe teria sido fatal, se essa leitura não estivesse impregnada do "materialismo elementar, instintivo, das gerações de camponeses" (1987, p. 132). Continua Ginzburg sua análise afirmando que Menocchio "viveu pessoalmente o salto histórico, de peso incalculável, que separa a linguagem gesticulada, murmurada, gritada, da cultura oral, para a linguagem da cultura escrita, desprovida da entonação e cristalizada nas páginas dos livros [...] Na possibilidade de emancipar-se das situações particulares está a raiz do eixo que sempre ligou de modo inextricável escritura e poder" (id., p. 128). E Menocchio, diz Ginzburg, "compreendia que a escritura e a capacidade de dominar e transmitir a cultura escrita era uma fonte de poder" (ibid.). Por isso era "perigoso".

Ginzburg, a meu ver, traz ao centro do debate a questão do letramento e sua influência, não naqueles que detêm o poder (as classes dominantes), mas naqueles que são marginalizados e dominados (as classes subalternas).

O que a história de Menocchio mostra é, principalmente, que o termo "letrado" não tem um sentido único, nem descreve um fenômeno simples e uniforme. Pelo contrário, está intimamente ligado à questão das mentalidades, da cultura e da estrutura social como um todo.

Minha argumentação vai mais longe que isso: proponho mostrar que o termo "iletrado" não pode ser usado como antítese de "letrado". Isto é, não existe, nas sociedades modernas, o letramento "grau zero", que equivaleria ao "iletramento". Do ponto de vista do processo sócio-histórico, o que existe de fato nas sociedades industriais modernas são "graus de letramento", sem que com isso se pressuponha sua inexistência.

A visão etnocêntrica acerca dos grupos sociais não alfabetizados, que está presente em vários estudos de psicologia transcultural, etnolinguística, psicologia cognitiva e antropologia, precisa ser revista urgentemente. E o primeiro ponto dessa revisão deve centralizar-se em esclarecer a confusão que é feita entre "não alfabetizado" e "iletrado". Do meu ponto de vista, o iletramento não existe, enquanto ausência total, nas sociedades industrializadas modernas.

Segundo a perspectiva etnocêntrica, somente com a aquisição da escrita as pessoas conseguem desenvolver raciocínio lógico-dedutivo, a capacidade para fazer inferências, para solução de problemas etc. Afirma ainda que o pensamento dos alfabetizados é "racional", e por um deslizamento preconceituoso coloca também que os indivíduos não alfabetizados são incapazes de raciocinar logicamente, de fazer inferências, de efetuar descentrações cognitivas etc., bem como que seu pensamento é "emocional", "sem contradições", "pré-operatório" etc.

Malinowski (1976, p. 132), por exemplo, diz que "os membros analfabetos de uma comunidade civilizada tratam e consideram as palavras de um modo semelhante aos selvagens". Ou seja, para o autor, tanto os "selvagens" em geral quanto os não alfabetizados em particular, não dominam a função intelectual da linguagem, função esta que apareceria "nas obras de ciência e filosofias" em que "tipos altamente desenvolvidos de fala são empregados para controlar ideias e torná-las propriedade comum da humanidade civilizada".

Uma forma de acabar com o etnocentrismo parece ser começar a considerar alfabetização e letramento como processos interligados, porém separados enquanto abrangência e natureza. Outro modo é passar a considerar o letramento como um "continuum". Desse modo estaremos evitando as classificações preconceituosas decorrentes da aplicação das categorias "letrado" e "iletrado", bem como a confusão que usualmente se faz com essas categorias e, respectivamente, "alfabetizado" e "não alfabetizado". Estaremos ainda separando o fenômeno do letramento do processo de escolarização, que, como já foi visto, comumente acompanha o processo de alfabetização.

A questão, então, passa a ser: Pode-se encontrar em grupos não alfabetizados características que usualmente são atribuídas a grupos alfabetizados e escolarizados? Se a resposta for positiva, estaremos mostrando que letramento e alfabetização são distintos, e devem ser estudados separadamente.

E a resposta, de fato, *é positiva*.

Tradicionalmente, tem sido afirmado que, como a aquisição da escrita leva ao raciocínio lógico, então quem não souber ler nem escrever seria incapaz de raciocinar logicamente, e, portanto, de compreender um raciocínio dedutivo do tipo lógico-verbal (silogismo).[3]

Sylvia Scribner e Michael Cole (1981, p. 7), por exemplo, escrevem que "a linguagem escrita promove conceitos abstratos, raciocínio analítico, novos modos de categori-

---

3. O silogismo é um tipo de raciocínio dedutivo lógico-verbal composto por uma premissa maior, uma premissa menor e uma conclusão. Existe uma relação de necessidade lógica entre o conteúdo da conclusão e o das premissas. Do ponto de vista da compreensão, o silogismo exige que o indivíduo seja capaz de descentrar seu raciocínio, ignorando seu conhecimento empírico e sua experiência pessoal, atendo-se apenas ao conteúdo linguístico, o qual pode negar aquele outro conhecimento, sem deixar de ter uma estrutura lógico-dedutiva, como em: *Todos os homens que usam saia são altos/Pedro usa saia/Logo, Pedro é alto.*

zação, *uma abordagem lógica à linguagem*" (grifos meus). Goody (1977, p. 11), fazendo a mesma relação entre domínio da escrita e raciocínio lógico, afirma que "a lógica, 'a nossa lógica', no sentido restrito de um instrumento de procedimento analítico [...] parece ter sido uma função da escrita, visto que foi a representação escrita da fala que possibilitou aos homens claramente a segmentação das palavras, a manipulação da ordem das palavras, *bem como o desenvolvimento de formas silogísticas de raciocínio; estes últimos encarados especificamente como produtos escritos, não orais*" (grifos meus).

Desse modo, parece inquestionável que a aquisição, para os autores, da escrita tem como consequência, cognitivamente, o desenvolvimento do pensamento lógico, e a capacidade para compreender e produzir silogismos.

Porém, a questão que se desloca é: a inversa é verdadeira? Isto é, pode-se inferir daí que quem não adquirir a escrita é *incapaz* de raciocinar logicamente e, portanto, de compreender silogismos?

Não é isso que os dados mostram. Na verdade, minhas pesquisas com adultos não alfabetizados (Tfouni, 1984, 1986) revelam alguns fatos interessantes sobre o raciocínio lógico desses adultos.

O primeiro deles é que, ao contrário do que se pensa, os não alfabetizados têm capacidade para descentrar seu raciocínio e resolver conflitos e contradições que se estabelecem no plano da dialogia. O que se percebe, pesquisando esses momentos, é que existem planos de referência delimitados por esses indivíduos, e que eles estão comparando esses planos para decidir em qual deles irão buscar as evidências necessárias para resolver um problema proposto.

Esses fatos representam, então, contra-argumentos à afirmativa segundo a qual não alfabetizados não raciocinam logicamente, não descentram, não solucionam problemas...

A explicação, então, não está em ser, ou não, alfabetizado enquanto indivíduo. Está sim, *em ser, ou não, letrada a sociedade na qual esses indivíduos vivem*. Mais que isso: está na sofisticação das comunicações, dos modos de produção, das demandas cognitivas pelas quais passa uma sociedade como um todo quando se torna letrada, e que irão inevitavelmente influenciar aqueles que nela vivem, alfabetizados ou não.

Concluindo, tenho a dizer que nas sociedades industriais modernas, lado a lado com o desenvolvimento científico e tecnológico, decorrente do letramento, existe um desenvolvimento correspondente, a nível individual, ou de pequenos grupos sociais, desenvolvimento este que independe da alfabetização e escolarização. Existe, no entanto, o lado negativo, o lado da perda: esse desenvolvimento não ocorre à custa de nada. Ele, na verdade, aliena os indivíduos de seu próprio desejo, de sua individualidade, e, muitas vezes, de sua cultura e historicidade. A alienação, portanto, também é um produto do letramento. A ciência, produto da escrita, e a tecnologia, produto da ciência, são elementos reificadores, principalmente para aquelas pessoas que, mesmo não sendo alfabetizadas, são, no entanto, "letradas", mas não têm acesso ao conhecimento sistematizado nos livros, compêndios e manuais. Muitas vezes, como consequência do letramento, vemos grupos sociais não alfabetizados abrirem mão do próprio conhecimento, da própria cultura, o que caracteriza mais uma vez essa relação como de tensão constante entre poder, dominação, participação e resistência, fatores que não podem ser ignorados quando se procura entender o produto humano por excelência que é a escrita, e seus decorrentes necessários: a alfabetização e o letramento.

2

Perspectivas históricas e a-históricas do letramento*

> Se alguma coisa alterei
> Da doutrina de Platão,
> Concordo, perfeitamente,
> Usei minha ficção.
> Se Sócrates nada escreveu
> E por que não posso eu
> Usar a imaginação?
>
> Rodolfo Coelho Cavalcante —
> O Julgamento de Sócrates — cordel.

Introdução

"Começar" a dizer nunca é tarefa simples. E "começar" a escrever torna-se trabalho árduo e duplamente com-

---

* Este capítulo foi publicado, em uma versão modificada, no periódico *Cadernos de Estudos Linguísticos*, 26:49-62, 1994.

plexo. Com efeito, se, ao falar, estamos aprisionados pela ilusão da completude, ao escrever ficamos presos em uma contradição, que tem a ver com a ilusão da linearidade do pensamento (e da transparência da linguagem) e a necessidade de imaginar um interlocutor ausente, muitas vezes fantasmático e idealizado, para o qual precisamos "planejar" e "organizar" o nosso discurso. De onde (de qual lugar discursivo) começar? Como estabelecer um recorte que dê conta dessa contradição?

No meu caso, enquanto autora deste artigo, debato-me no seguinte dilema: o quê, do interdiscurso que eu mesma já ajudei a construir sobre o tema deste artigo (Tfouni, 1992a, 1992b, 1990, 1988a) devo recortar e colocar no intradiscurso que estou agora organizando?

No entanto, escolher é inevitável. E escolher de onde começar a falar sobre o letramento enquanto processo sócio-histórico pode restringir-se a mostrar a diferença entre perspectivas históricas e a-históricas do letramento, propondo critérios para diferenciar entre as duas posições. Portanto, este será o caminho.

Perspectivas a-históricas

Inicialmente, é preciso notar que não existe questão fechada acerca do que seja o *letramento*. Neologismo, visto até com certa reserva por alguns (uma vez que "letrado" tem seu sentido dominante estratificado como sinônimo de "pessoa de muitas letras; erudito"), a palavra *letramento* está sendo amplamente usada em textos técnicos que se ocupam das questões da escrita sob vários enfoques.

A necessidade de se começar a falar em letramento surgiu, creio eu, da tomada de consciência que se deu, principalmente entre os linguistas, de que havia alguma coisa além da alfabetização, que era mais ampla, e até determinante desta.

Só que, no processo de determinação desse novo sentido da palavra *letramento*, em função das várias posições teóricas adotadas, pode-se dizer que, no estado atual, já existe uma polissemia relacionada à mesma, o que torna a sua conceituação complicada.

Por isso, explicito aqui minha posição: *letramento*, para mim, é um *processo*, cuja natureza é *sócio-histórica*. Pretendo, com essa colocação, opor-me a outras concepções de letramento atualmente em uso, que não são nem processuais, nem históricas, ou então adotam uma posição "fraca" quanto à sua opção processual e histórica. Refiro-me a trabalhos nos quais, muitas vezes, encontra-se a palavra *letramento* usada como sinônimo de *alfabetização*.

Na bibliografia em língua inglesa, que, aliás, é citada descuidadamente por alguns, tem-se, sob o rótulo *literacy*, uma variedade de definições e visões. Aí está, creio eu, uma das origens de mal-entendidos entre os que trabalham na área, e que acabam usando indiferenciadamente *letramento* como equivalente vernáculo de qualquer das acepções englobadas pelo vocábulo inglês.

Apenas a título de ilustração, apresentarei a seguir algumas das perspectivas sob as quais o termo *literacy* tem sido focalizado na literatura de língua inglesa, principalmente norte-americana.

• Em uma primeira perspectiva, que denominarei *individualista-restritiva*, *literacy* é vista como estando voltada unicamente para a aquisição da leitura/escrita, considerando-se aí, portanto, a aquisição da escrita enquanto código, do ponto de vista do indivíduo que aprende. Daí, uma relação por extensão entre *literacy* e: escolarização, ensino formal, e aprendizado de habilidades específicas (como: aprender o alfabeto, correspondência som/grafema, pré-requisitos psicomotores). Nessa perspectiva, então, *literacy* confunde-se com alfabetização. Exemplos desse uso do termo são:

> (*Literacy* é) Habilidade para ler e escrever, relacionada com a escolarização e seu sucesso.
>
> Um constructo unitário, que chega a um final descritível e controlável pela aquisição de habilidades específicas. (Langer, 1987, p. 2).

• Uma segunda perspectiva, que pode ser chamada *tecnológica*, relaciona *literacy*, enquanto *produto*, com seus usos em contextos altamente sofisticados. Tem, ainda, uma visão positiva dos usos da leitura/escrita, relacionando-os com o progresso da civilização e o desenvolvimento tecnológico. As citações seguintes ilustram essa posição:

> *Literacy* é a habilidade para entender materiais escritos, para a qual é importante a informação partilhada, e está relacionada com as necessidades da informação industrial (Jacob, 1984, p. 73).
>
> É essencial para o discurso científico e a organização da indústria, governo e educação. [...] É também usada extensivamente no comércio em geral em sua relação com o público (Anderson e Stoke, 1984, p. 24).

• Já a terceira perspectiva, a *cognitivista*, enfatiza o aprendizado como produto das atividades mentais, e consequentemente vê o indivíduo ("criança") como responsável central pelo processo de aquisição da escrita, uma vez que pressupõe que o conhecimento e as habilidades têm origem nesse indivíduo. Olha, portanto, os processos internos, e ignora as origens sociais e culturais do letramento. Exemplos dessa posição na literatura:

> Esta abordagem tenta explicar o que uma criança individual está fazendo e aprendendo. Focaliza as habilidades, o conhecimento e as intenções de crianças individualmente; (focaliza) aquilo que é *aprendido* (Olson, 1984, p. 185).
>
> É o conjunto de informações que todos os leitores competentes possuem. É a informação de fundo, armazenada em suas mentes, que permite que eles leiam um jornal com um nível adequado de compreensão, entendendo o assunto (Hirsch, 1987, p. 2).

Fazendo uma pausa nesta apresentação, e reexaminando as três posições já apresentadas, ressalta ao leitor um ponto em comum nelas todas: a concepção de *literacy* enquanto *aquisição da leitura/escrita*. Com efeito, não importa a perspectiva: a ênfase é sempre colocada nas "práticas", "habilidades", "conhecimento", voltados sempre para a codificação/decodificação de *textos escritos*. Ou seja, existe aí uma superposição entre *letramento* e *alfabetização*. Em segundo plano, às vezes de maneira apenas sugerida, aparece também uma relação entre *letramento, escolarização* e *ensino formal*.

"Práticas letradas", no contexto aí delineado, seriam sempre práticas de leitura/escrita de textos. Além disso, percebe-se uma preocupação em focalizar *produtos*, quer no plano individual (como é o caso das perspectivas individualista e cognitivista), quer no social (perspectiva tecnológica). Assim, "letradas" seriam somente aquelas pessoas que sabem ler e escrever, ou seja, pessoas alfabetizadas e escolarizadas (visto que na nossa sociedade a alfabetização é levada a efeito na escola). Do mesmo modo, "iletrado" poderia ser usado como sinônimo de "analfabeto". (E, com efeito, isso ocorre frequentemente na literatura, conforme já observei.)

As definições de *letramento* aqui apresentadas, sob a forma de três perspectivas, poderiam receber ainda a crítica de que se colocam favoravelmente à tese da "grande divisa", que é bastante polêmica, e da qual falarei a seguir.

A grande divisa[1]

Em linhas gerais, trata-se do seguinte: Acreditam alguns autores que a aquisição generalizada da escrita traz consigo consequências de uma ordem tal que isso modifica de maneira radical as modalidades de comunicação dessa sociedade. Passariam a existir usos *orais* e usos *letrados* da língua, e estes seriam separados, isolados, caracterizando, assim, a grande divisa. Segundo essa tese, haveria características marcadas para as modalidades orais e as modalidades escritas de comunicação. No primeiro caso, teríamos por trás um raciocínio emocional, contextualizado e ambíguo, e, no segundo, um raciocínio abstrato, descontextualizado e lógico.

---

1. Falarei mais detalhadamente da "grande divisa" no próximo capítulo.

Street (1989) refere-se a um ressurgimento moderno da teoria da grande divisa, em autores como Greenfield (1972) e Hildyard e Olson (1978). Nesses autores, diz Street (id., p. 24), o etnocentrismo, que anteriormente era mais explícito, fica mais ou menos disfarçado. Assim, segundo o autor: "Escritores preocupados em estabelecer uma "grande divisa" entre os processos de pensamento de diferentes grupos sociais têm descrito esses processos classicamente em termos tais como lógico/pré-lógico; primitivo/moderno e concreto/científico. Eu gostaria de alegar que a introdução de letrado/pré-letrado como critério para estabelecer tal divisão deu à tradição um novo alento, exatamente quando ela estaria definhando sob o poderoso desafio do trabalho recente em antropologia cultural, linguística e filosofia."

Para Street, a versão moderna da teoria da grande divisa enquadra-se no que o autor denomina de "modelo autônomo" do letramento, cujas características são as seguintes:

- o letramento é definido estritamente como atividade voltada para textos escritos;
- o desenvolvimento é visto de maneira unidirecional e teria um sentido positivo. Assim, o letramento (tomado como sinônimo de "alfabetização") estaria associado com maior "progresso", "civilização", "tecnologia", "liberdade individual" e "mobilidade social";
- o letramento aqui é visto como *causa* (tendo como suporte a escolarização), cujas *consequências* seriam: o desenvolvimento econômico e habilidades cognitivas, como, por exemplo, flexibilidade para mudar de perspectiva;

- o modelo autônomo sugere ainda que o letramento possibilitaria diferenciar as "funções lógicas" da linguagem de suas funções interpessoais;
- finalmente, esse modelo propõe que todas as aquisições citadas estariam intimamente relacionadas com os "poderes intrínsecos" da escrita, entre as quais encontrar-se-iam a possibilidade de separação entre o sujeito que conhece e o objeto conhecido, as habilidades metacognitivas, e a capacidade de descontextualização.

Assim, a versão moderna da teoria da grande divisa, que por sua vez confunde-se com o modelo autônomo de letramento, apela para a alfabetização como critério para estabelecer diferenças entre processos cognitivos e comunicacionais, diferenças estas que se configurariam na forma de abismo intransponível entre aqueles que não sabem ler e escrever e aqueles que sabem.

A meu ver, essas características apontadas podem ser estendidas para as três perspectivas a-históricas de letramento que apresentei na seção anterior.

Vários autores, além de Street, criticam a teoria da grande divisa e seu modelo autônomo de letramento. Entre eles, está Ewald (1988), para quem a visão da superioridade da comunicação escrita sobre a oral conduz a uma atitude "grafocêntrica", que coloca ambas as modalidades de maneira reificada, fora de seu "contexto humano". Desse modo, a escrita aparece como uma "força superior", que "combate" e "triunfa" sobre a oralidade. Segundo a autora, "A reificação de modalidades de comunicação obscurece o processo de transição, tornando a diversidade um enigma [...] 'literacy', nesta perspectiva, inexoravelmente invade uma modalidade estática, 'tradicional', preexistente, e a domina. Porém, quer aplicada a um modo de produção ou a um modo de comunicação esta abordagem não leva em consideração a verdadeira variedade que encontramos em muitas sociedades, especialmente as não ocidentais" (1988, p. 206).

A crítica de Ewald situa-se na perspectiva sincrônica. Também na diacronia, no entanto, podemos encontrar uma argumentação contrária à grande divisa e ao modelo a-histórico de letramento. É o caso de grandes produções culturais, verdadeiros marcos da história da humanidade, como a poesia épica grega, ou homérica, que, apesar de ter-se originado em um período mais antigo (entre os séculos XII e VIII a.C.), período este caracterizado por um grau baixo de letramento da sociedade grega, não foi, no entanto, composta em uma sociedade totalmente sem escrita. A época homérica, segundo Chadwick (1912; citado por Goody, 1987), faz parte de uma sociedade "no início do letramento", ou seja, uma sociedade que ainda era predominantemente oral, mas que já estava de alguma forma sendo influenciada pela escrita. Conforme Goody (1987, p. 98), não se pode subestimar o fato de que a poesia épica grega foi composta "em uma região que presenciou a emergência das grandes bibliotecas e arquivos, como os de Bogazkoy, Ebla, Ugarit, [foi] composta por compatriotas dos mercadores gregos, que haviam-se estabelecido nos portos comerciais da Fenícia, que tinham tradições escritas há tempos, e [foi] composta acerca de uma região da Anatólia, a Iônia, que fica próxima das terras dos hititas". Por isso, continua Goody, essa poesia "dificilmente pode ser considerada como um produto típico de culturas sem escrita".

O que se nota, portanto, é o fato de o letramento poder atuar indiretamente, e influenciar até mesmo culturas e indivíduos que não dominam a escrita. Esse movimento mostra que o letramento é um processo mais amplo do que a alfabetização, porém intimamente relacionado com a existência e influência de um código escrito. Assim, culturas ou indivíduos, ágrafos ou iletrados, são somente os pertencentes a uma sociedade que não possui, nem sofre, a influência, mesmo que indireta, de um sistema de escrita.

Letramento e escolaridade

Quanto à confusa identificação entre letramento e escolaridade que muitos autores fazem, ela não resiste a um olhar mais aprofundado. Basta examinarmos "textos" escritos produzidos por pessoas altamente escolarizadas. Apenas a título de ilustração, apresentarei aqui dois exemplos.

O primeiro deles foi produzido por uma aluna de um curso da USP de Ribeirão Preto, a qual passou, portanto, por um dos vestibulares considerados mais difíceis do país, vestibular este que, na segunda fase, "exige" "redação própria". Trata-se de um convite dirigido por escrito aos docentes do departamento. Vejam-no a seguir.

"Prezados Professores:
Ao adentrarmos neste sexto mês do ano, as festividades, justificadamente, juninas se iniciam. A nossa Faculdade

de Filosofia, Ciências e Letras acompanha esta tradição brasileira, promovendo no dia 25 de junho, a partir das 20:00h um evento desta natureza.

Convidamos, então com grande prazer, a sua pessoa, para esta festividade, a ser realizada pelos alunos desta Faculdade.

Tradicionalmente, o Centro de Estudos Psicológicos (CEP) se encarregará da barraca de doces, visando obter dividendos para futuras promoções de eventos que interessem aos alunos que representa.

Neste sentido, gostaríamos de contar com a sua colaboração, de qualquer natureza, para com a barraca do CEP.

Em nome dos alunos da Psicologia, agradeço sua atenção e compreensão. Sem mais para o momento, me dispeço.

Atenciosamente"

O que atrai a atenção do leitor especializado, nesse "texto", é principalmente a representação que a "autora" parece ter sobre a escrita: a pretensão de um estilo formal e utilização de um léxico que foge à linguagem cotidiana. Porém, a intenção de ser formal transforma-se em paródia, na qual palavras de um eruditismo desgastado ("adentrarmos", "evento", "dividendos", "visando", "promoções", "tradicionalmente") são usadas em períodos redundantes não apenas no eixo sintagmático ("Ao adentrarmos neste sexto mês do ano, as festividades, justificadamente, juninas, se iniciam"), como também no eixo paradigmático (a repetição das palavras "festividades", "evento", "natureza", "tradição" (e seu advérbio, "tradicionalmente"). Ao lado disso, temos, no último parágrafo, a grafia fonética de um vocábulo ("dispeço"), fato que poderia até ser aceito como adequado em um texto de outra natureza, mas que aqui assume a mesma importância que o ato falho tem para o psicanalista. Guardadas as devidas proporções teóricas, esse "erro" (que nem seria propriamente erro em outro contexto) é o indício de um descompasso entre a necessidade de controle de um estilo escrito formalizado e a falta de estrutura para mantê-lo.

Um outro exemplo que mostra a ausência de relação direta entre escolarização e letramento é o trecho reproduzido a seguir, escrito em um Semanário[2] por um secretário da universidade.

> *"Reajuste dos salários — Mês de Maio = 46%*
> *Of. GR/CIRC/722, do Magnífico Reitor, informando que o índice definitivo da inflação de abril (IPC-FIPE = 28,74%) e a estimativa para maio (1ª quadrissemana = 28,8%) e o compromisso de recuperar o salário real de maio de 1992, o reajuste dos salários a serem créditos* [sic!] *no dia 04 de junho foi alterado para 46%".*

É importante observar que o cargo de secretário requer nível universitário e que, portanto, o redator dessa notícia tem escolaridade equivalente ao 3º grau ("superior", sem ironia).

Qualquer semelhança entre a escrita dessa notícia e os textos produzidos pelos existencialistas franceses, ou mesmo por autores que seguem o chamado "fluxo do inconsciente", é, obviamente, mera coincidência, uma vez que nestes últimos existe uma intenção deliberada de criar um efeito de sentido específico, intenção esta que não se acha pre-

---

2. O Semanário é um portador de texto que a chefia do departamento usa para divulgar as principais notícias do período junto aos docentes.

sente, nem poderia estar, no "autor" do "texto" citado. Pelo contrário, a impressão que se tem é de que ele (o "autor") é incapaz de planejar sua escrita, não conseguindo sequer construir um rascunho mental da mensagem que pretende escrever. Ele é totalmente dominado pela afluência dos significantes, e parece que vai escrevendo "sempre para a frente", não voltando para reler o que já escreveu e eventualmente corrigir-se.

O que há em comum nos dois casos apresentados, a meu ver, é que nenhum dos dois "escritores" consegue colocar-se como *autor do próprio discurso*, e esta é para mim a noção-eixo do conceito de letramento enquanto processo sócio-histórico. É deste que falarei a seguir.

Perspectiva histórica: letramento e autoria

Quando falo em autoria do discurso, não estou pretendendo referir-me apenas ao discurso escrito, mas também ao oral. De acordo com o conceito de letramento que estou propondo aqui, deve-se aceitar que tanto pode haver características orais no discurso escrito, quanto traços de escrita no discurso oral. Essa interpenetração entre as duas modalidades inclui, portanto, entre os letrados, também os não alfabetizados, e aquelas pessoas que são alfabetizadas, mas têm um baixo grau de escolaridade.

O critério a ser adotado, conforme já propus, é o da *autoria*. O autor tem a ver com a noção de *sujeito do discurso*, visto que o primeiro trabalha no intradiscurso, e este último está na dimensão do interdiscurso, e inter e intradiscurso não podem ser concebidos separadamente (Pêcheux, 1988).

Assim, enquanto o autor tece o fio do discurso procurando construir para o leitor/ouvinte a ilusão de um produto linear, coerente e coeso, que tem começo, meio e fim (Orlandi e Guimarães, 1988), o sujeito lida com a dupla ilusão: de não ser a origem do seu dizer e também de não pretender que o que diz (escreve) seja a tradução literal de seu pensamento.

O autor, então, é aquele que estrutura seu discurso (oral ou escrito) de acordo com um princípio organizador contraditório, porém necessário e desejável, que lhe possibilita uma "posição de autorreflexibilidade crítica no processo de produção de seu discurso [...] fato este que provocaria, no próprio texto, um retorno constante à forma como aquele sentido está sendo produzido, sem que isso impeça que ele seja constantemente produzido" (Tfouni, 1992a).

Trabalhar dentro dessa contradição, é, a meu ver, a principal característica do discurso letrado. E aqui, lembro mais uma vez, não estou considerando o discurso escrito apenas, mas também o discurso oral penetrado pela escrita. E esses aspectos do letramento enquanto processo sócio-histórico podem ser investigados sem que seja necessário considerar junto a alfabetização e escolarização. Para ilustrar, vou citar dois exemplos.

O primeiro deles mostra como o processo de autoria do texto escrito independe do grau de escolaridade da pessoa. Foi reproduzido por um presidiário, Mílton Aparecido de Souza (atualmente em liberdade) da cadeia pública de Sertãozinho, estado de São Paulo, o qual foi alfabetizado por duas estagiárias, Ana Paula Soares da Silva e Rosa Virgínia Pantoni, sob a minha supervisão. Quando ele produziu este texto, fazia apenas cerca de três meses que estava tendo aula

— sendo necessário aqui acrescentar a informação de que, no início da alfabetização, o Mílton sabia apenas escrever o próprio nome e algumas palavras isoladas. Eis o texto:

> "Nem...[3]
>
> *Fazer crônica não é escrever palavras bonitas nem construir frases de efeito, nem falar dos inimigos, nem elogiar amigos, nem descrever paisagem, nem contar casos querendo dar a impressão de verdadeiros, nem procurar assunto na falta de assunto, nem encher uma folha e dizer que o dólar está subindo, nem responder uma carta de amigo, nem inventar cartas subindo, nem inventar cartas para fingir que recebeu, nem tentar convencer os outros que em tudo a poesias, como eu estou querendo fazer, nem achar tudo triste, nem achar tudo alegre, nem falar da sua solidão, nem dizer o que fez ontem ou aumentar seus vícios, nem desabafar seus problemas, nem tirar conclusão de coisa alguma.*
>
> *E você consegue fazer uma crônica sem nada disso? Claro! Olha aí pra cima.*"

A autoria desse texto está marcada pela coesão, atingida na construção de um único parágrafo cujas orações são todas introduzidas pelo operador "nem". Temos aí o domínio do intradiscurso. A seguir, encontramos um artifício retórico: uma pergunta dirigida ao leitor imaginado (representado), sendo que para essa pergunta o autor já tem uma resposta. E essa resposta é surpreendente, visto que, ao invés de constituir-se em uma outra relação, oposta à sequência

---

3. Foram feitas correções gramaticais no texto, em função de solicitações do próprio autor, e dentro das diretrizes metodológicas propostas para o trabalho de alfabetização, que seguem o sociointeracionismo e a teoria da análise do discurso.

anterior ligada por "nem", remete o leitor exatamente de volta a essa mesma sequência. Essa atividade de retorno ao próprio discurso, utilizando a autocitação como ilustração de uma dúvida que parecia remeter para um outro lugar discursivo, é um movimento típico de autoria. O autor está aí apontando para o próprio discurso, pretendendo olhá-lo como um produto fora dele (autor), que pode ser observado e contemplado, e que, inclusive é representado por ele como possuindo uma dimensão linear (espacial), o que é indicado pelo uso de "aí pra cima".

Essa atividade de retorno ao próprio discurso utilizando a autocitação como ilustração de uma dúvida que parecia remeter para um outro lugar discursivo é um movimento típico de autoria. O autor está aí apontando para o próprio discurso, pretendendo olhá-lo como um produto fora dele (autor), que pode ser observado e contemplado, e que, inclusive é representado por ele como possuindo uma dimensão linear (espacial), o que é indicado pelo uso de "aí pra cima".

Após haver escrito a análise acima, descobri que esse texto era baseado em uma crônica de Leon Eliachar. Houve a introdução de algumas modificações na crônica, mas o texto do sujeito é facilmente identificável com o de Eliachar. Mas se o texto original não estava circulando na cadeia, e se o Milton não sabia ler nem escrever antes disso, como explicar tal fato? A meu ver isso só demonstra que o sujeito era MUITO letrado antes de aprender a ler e a escrever, porque conhecia textos literários sem nunca tê-los lido. Ou seja, apesar de seu baixo grau de escolaridade, e de seu analfabetismo, ele tinha um conhecimento letrado sofisticado. Ele só não tinha conhecimento do aparato formalizado (a escrita) necessário para fazer circular seus conhecimentos. Quando passou a dispor disso, a memória discursiva se encarregou de trazer-lhe de volta esse texto que ele nunca tinha lido, mas que o havia atingido oralmente. Isso marca seu ingresso na cultura escrita, pois agora, sabendo escrever, pode fazer circular, e tentar legitimar, seus conhecimentos. É bom notar também que ele preserva as mesmas características sintáticas e retóricas do texto original, ao contrário de outros textos que encontramos relatados na literatura, onde há uma cópia "aleijada", na qual predomina a dispersão e onde o texto original fica totalmente deformado.[4] Concluindo esta observação, creio que se pode pensar que o sujeito que produziu este texto, mesmo sendo ele decalcado em um texto anteriormente escrito, ocupa a posição de autor, pois se apropria de algo que já circulava na cultura escrita, modifica-o, sem alterá-lo, e preserva suas características literárias (fato que denota uma grande sensibilidade discursiva). É necessário pontuar também que esse não é o único texto escrito pelo sujeito (ele ganhou um caderno, no qual escrevia frases soltas, pensamentos, poesias, cartas etc.). Em outras publicações, apresento peças escritas por ele que apresentam coesão, coerência, criatividade e autoria.[5] Assim, a minha teoria sobre o letramento só se fortalece com essa descoberta.

---

4. Cito, a propósito dessa questão, o doutorado de Soraya Maria Romano Pacífico, do qual fui orientadora. (Pacífico, S. M. R. (2002). Nesse trabalho, Pacífico mostra que estudantes universitários são incapazes de comentar um texto escrito e operam deformações, mutilando os mesmos e transformando-os em algo irreconhecível e incompreensível.

5. Por exemplo, Tfouni, L. V. (1998). A emergência da função poética nos textos produzidos por um adulto que aprendeu a ler e escrever na prisão.

Convido o(a) leitor(a) a comparar este último texto com o apresentado anteriormente (o do "Semanário") e pergunto: Não seria apropriado dizer que Milton é mais letrado do que o secretário que "redigiu" aquela notícia? No entanto, um possui alguns meses de escolaridade, enquanto o outro tem o curso superior completo...

Continuando a discussão, gostaria de acrescentar que tomar a questão da autoria como critério para exame do letramento enquanto processo sócio-histórico implica também o compromisso de mostrar que o discurso oral do analfabeto pode estar perpassado por características do discurso escrito, ou seja: que a função-autor não é prerrogativa possível apenas para aqueles que aprendem a ler e escrever, mas, antes, é uma função ligada a um tipo de discurso — isto é, o discurso letrado — que, por ser social e historicamente constituído (como, aliás, todos os discursos o são), pode estar também acessível àqueles que não dominam o código escrito.

Para finalizar, volto ao início deste texto, a fim de procurar um "fecho" que me permita elaborar a proposta que estou apresentando aqui, em termos da relação entre sujeito e autor do (no) discurso. Com efeito, a dimensão histórica do letramento só se dará se o sujeito ocupar uma posição tal no interdiscurso que lhe possibilite organizar o intradiscurso (oral ou escrito) que está produzindo, de forma a produzir um texto. Gallo (1992), analisando a passagem do discurso oral para o discurso escrito, defende mais ou menos essa mesma posição. A diferença está no fato de que, para mim, a coincidência de posições discursivas entre sujeito e autor pode se dar nas duas direções: do oral para o escrito, e do escrito para o oral. E espero ter mostrado, com os dados que apresentei, que o conceito histórico de *letramento* centralizaria esse processo de dupla mão, que (enfatizo novamente) não tem uma relação necessária com escolarização formal e alfabetização.

3

Autoria e letramento: análise das narrativas orais de ficção de uma mulher analfabeta

Introdução

Neste capítulo, pretendo mostrar mais detalhadamente que, nas sociedades altamente letradas, o discurso oral de adultos não alfabetizados está perpassado por características que comumente são atribuídas ao discurso escrito. Por meio da análise de narrativas orais de ficção produzidas por uma mulher não alfabetizada, mostrarei que o princípio da autoria pode ser estendido para abranger também produtores de linguagem que não sabem ler nem escrever. Mostrarei ainda a relação destes com o conceito de *letramento*, e evidenciarei que os mesmos representam uma argumentação a mais contra a teoria da grande divisa.

A grande divisa

Como foi visto no capítulo anterior, essa teoria propõe que, em uma sociedade letrada, haveria uma separação radical entre usos orais e usos escritos da língua, caracterizando dois tipos específicos de discurso: o discurso oral e o escrito. No primeiro, teríamos contextualização, informalidade, casualidade, envolvimento interpessoal e um tipo de raciocínio "emocional" e ambíguo; no segundo, teríamos perda do contexto imediato, estilo formal, evitação ou inexistência de envolvimento interpessoal, além de um tipo de raciocínio abstrato, descontextualizado e lógico. Quanto à coesão textual, esta seria atingida, no discurso oral, por meio de recursos paralinguísticos, tais como: tom de voz, velocidade da fala, gestos e expressão facial, e no discurso escrito, por meio de lexicalizações, tais como: uso de conjunções, frases explicativas, construções complexas.

A teoria de grande divisa tem sido criticada por diversos autores. Tannen (1987), por exemplo, afirma que as duas modalidades entrecruzam-se e se superpõem, dependendo do foco de envolvimento interpessoal. Miyoshi (1988) diz que a função ideológica dessa teoria é estabelecer uma separação radical entre o "eu" e o "outro" nas sociedades ocidentais; e Langer (1987) propõe que a dicotomia oral X letrado seja substituída por uma superposição. Segundo esta autora, "os usos da língua oral e escrita misturam-se, confundem-se e variam na medida das mudanças na situação de linguagem, e estas complexidades precisam ser consideradas se quisermos entender as demandas do letramento que ocorrem em uma cultura tecnológica" (1987, p. 4).

Street (1989) também critica a teoria. Para este, existe uma versão antiga e um ressurgimento moderno dessa teoria. Na primeira, havia um etnocentrismo explícito, sob a forma de dicotomias como "lógico/pré-lógico", "primitivo/

moderno" etc. (cf., por exemplo, Lévy-Brühl, 1910). Autores representativos da versão moderna da grande divisa são, segundo Street, entre outros, Greenfield (1972) e Hyldiard e Olson (1978). Nestes, o etnocentrismo fica mais disfarçado, menos evidente.

Pelo que foi dito até aqui, além das colocações contidas no capítulo anterior, pode-se perceber que a crítica à teoria da grande divisa tem sido feita, com base em várias perspectivas teóricas, por psicólogos, historiadores, antropólogos e linguistas. Neste trabalho, pretendo apresentar novas evidências que reforçarão os argumentos já existentes. Mais especificamente, procurarei mostrar que existem características linguístico-discursivas que são apontadas como exclusivas da escrita, e que, no entanto, estão presentes no discurso oral de analfabetos.

Em um estudo de caso, serão analisadas narrativas orais de ficção produzidas por uma mulher brasileira analfabeta, dona Madalena. A análise privilegiará fatos discursivos dessas narrativas, representativos de que ela não está simplesmente reproduzindo enredos e eventos preexistentes, mas, antes, está estruturando ativamente as estórias, enquanto as conta. O conceito de "autoria", conforme definido na teoria da análise do discurso de "linha" francesa (v. g., Pêcheux, 1969, 1988), será utilizado como ponto de referência. A opção pela adoção do princípio da autoria como critério de análise deve-se ao fato de que o mesmo é apontado como sendo característico da organização do texto escrito. Assim, na medida em que mostrarmos sua presença nas narrativas de dona Madalena, estaremos oferecendo argumentos favoráveis à hipótese de que o discurso oral, nas sociedades letradas, pode estar interpenetrado por características do discurso escrito. Esses argumentos prestar-se-ão igualmente a ser usados contra a teoria da grande divisa.

Dona Madalena e suas estórias

Madalena de Paula Marques é uma mulher negra, analfabeta, pobre (obviamente), de terceira idade (nasceu em 1931). Reside em um bairro de classe baixa da periferia de Ribeirão Preto, cidade de porte médio do estado de São Paulo, Brasil. É viúva, tem filhos e netos, muitos dos quais dividem com ela a pequena casa onde mora. Ela frequentou a escola durante um curto período de tempo (um ano, segundo ela mesma). Sabe contar objetos, conhece os numerais mais simples; não sabe ler nem escrever, sequer sabia assinar o nome quando a conheci. Desde pequena, sempre trabalhou na lavoura, ou como doméstica. É uma pessoa extremamente comunicativa, afável, hospitaleira e descontraída. Conversa com todos de maneira desembaraçada. Além disso, exerce uma liderança, tanto em nível familiar, quanto comunitário: organiza as atividades domésticas, atua como árbitro nas brigas entre filhos, filhas, genros e noras, e funciona como porta-voz e até mesmo como "advogada" dos habitantes do bairro. Outra característica que faz desta mulher uma pessoa especial é seu conhecimento de medicina popular: sabe utilizar plantas medicinais para "tratar" problemas de saúde. Além desse conhecimento, que está praticamente desaparecido na cultura letrada, ela ainda canta músicas, modinhas e cantigas populares anônimas, e conhece jogos e brincadeiras infantis, muitos dos quais já caíram no esquecimento da classe hegemônica.

A característica mais importante de dona Madalena, para o presente trabalho, é o fato de ela ser uma contadora de histórias, não no sentido de relato autobiográfico, como é comum ocorrer na idade dela, mas no sentido de narrativa de ficção. Em trabalhos anteriores (Tfouni, 1988b; Tfouni e Abrahão, 1992; Bertelson et al., 1990; Tfouni e Álvares, 1994), já foram apresentados alguns dados sobre essas características. Neste trabalho, vou ater-me às narrativas.

Elas são muito longas em sua maioria e sua estrutura temática é bastante variada. Assim, algumas podem ser reconhecidas como fábulas, como, por exemplo, "O casamento da raposa" e "Festa no céu". Em outras, aparecem temas tradicionais de contos de fadas, como no conto intitulado "A mulher que tinha vontade de ter uma filha, e ganhou uma porquinha", nos quais se reconhece facilmente o tema da dupla pele, por exemplo, do conto "Pele de burro", de Perrault. Temas bíblicos também aparecem: a narrativa "Joãozinho ladrão", por exemplo, retoma o tema da volta do filho pródigo, que costuma ser bastante recorrente, tendo motivado desde "O Rei Lear", de Shakespeare, até o filme *Ram*, de Kurosawa. Além dessas, existe ainda um outro grupo de estórias que parecem ter sido "criadas" inteiramente por dona Madalena. Na investigação que estou realizando há 8 anos, já foram levantados 54 títulos de narrativas que ela afirma saber contar. Destas, já foram gravadas 12, e transcritas 9. Algumas destas últimas serão analisadas no presente trabalho.

Autoria, escrita e oralidade

Tem sido afirmado por alguns autores (por exemplo, Scholles e Kellog, 1977) que o discurso narrativo composto oralmente não tem autor. Argumentam que nesse tipo de narrativa teríamos um "contador de estórias", ou seja, alguém que seria simplesmente um veículo de difusão, de presentificação do já narrado. Portanto, não existiria nelas autor, somente narrador. Por outro lado, para esses pesquisadores, no discurso narrativo escrito existiria um nível a mais de complexidade: a introdução de *autores*. Vê-se que para Scholles e Kellog, portanto, a possibilidade de autoria existe apenas com relação a textos escritos.

Essa concepção de autoria contrapõe-se a uma visão dialética, como, por exemplo, a de Bakhtin (1985, p. 180), para quem o autor equivale a "uma individualidade ativa de visão e estruturação", que é diferente de uma "individualidade visível e estruturada". Para Bakhtin, o autor é aquele que dirige a visão do leitor e sua atividade de compreensão do texto. É certo que ele está se referindo ao texto escrito, mais especificamente à prosa literária, mas, do meu ponto de vista, sua definição de autor presta-se na medida certa ao objetivo deste trabalho, uma vez que, mostrando que existe a autoria presente no discurso oral de dona Madalena, estarei evidenciando nele características estruturantes do discurso narrativo escrito.

Para Bakhtin, "dentro da obra, o autor é para o leitor o conjunto de princípios estruturantes que devem ser realizados, a unidade dos momentos transgressores da visão ativamente referidos ao herói e seu mundo" (1985, p. 181).

Orlandi (s/d.), criticando a noção de "função-autor" de Foucault (1983), porque acaba "configurando um quadro restrito e privilegiado de produtores originais de linguagem" (p. 23), acrescenta que prefere "dessacralizar essa noção, e estender a função autoria para o cotidiano, toda vez que o produtor de linguagem se coloca na origem, produzindo um texto com unidade, ocorrência, não contradição e fim" (idem). É interessante notar, no entanto, que Orlandi, ao estabelecer tais critérios para a autoria, está efetuando uma análise de textos escritos. Portanto, aparentemente esses critérios aplicam-se ao discurso escrito. O trabalho de Gallo (1992), realizado sob a orientação de Orlandi, desenvolve e aprofunda tal concepção de autoria, investigando a gênese e desenvolvimento desses princípios em alunos de um curso de redação (obviamente, modalidade escrita de texto).

Em resumo, o que pretendo recolocar aqui é que o autor é visto na bibliografia como aquele que organiza o discurso escrito, dando-lhe uma orientação por meio de mecanismos de coerência e coesão, mas também garantindo que certos efeitos de sentido e não outros serão poduzidos durante a leitura. Assim, podemos dizer que efeitos de sentido, tais como: a sensação de "cumplicidade" entre narrador e leitor/ouvinte, ou ainda a criação de um efeito de suspense, seriam preenchidos pela função-autor.

O autor é uma posição discursiva, diferente de escritor e de narrador (cf. Maingueneau, 1993), e seu trabalho consiste em organizar a afluência dos significantes, mediante a elaboração de "rascunhos mentais" (Vygotsky, 1984), o que lhe permite "pensar" as palavras antes de dizê-las (escrevê-las).

O autor ainda tem a ver com a noção de sujeito do discurso, visto que o primeiro trabalha no intradiscurso, e este último está na dimensão do interdiscurso, e inter e intradiscurso não podem ser concebidos separadamente (Pêcheux, 1988).

Assim, enquanto o autor tece o fio do discurso procurando construir para o leitor/ouvinte a ilusão de um produto linear, coerente e coeso, que tem começo, meio e fim, o sujeito está preso à dupla ilusão: de imaginar que é a origem do seu dizer e também de pretender que o que diz (escreve) seja a tradução literal de seu pensamento. Existe, no processo de criação de um texto, um movimento de deriva e dispersão de sentidos que a função-autor pretende controlar.

O autor, então, é aquele que estrutura seu discurso (oral ou escrito) de acordo com um princípio organizador contraditório, porém necessário e desejável.

Trabalhar dentro dessa contradição é, a meu ver, a principal característica do discurso letrado. E aqui, lembro mais uma vez, não estou considerando o discurso escrito apenas, mas também o discurso oral penetrado pela escrita.

Na seção que virá a seguir, realizarei uma análise de algumas das narrativas transcritas de dona Madalena, e, centrando-me no conceito de autoria, procurarei mostrar que seu discurso oral está perpassado pelo discurso escrito. Para tanto, realizarei recortes nessas narrativas, os quais indiciam que ela não está simplesmente reproduzindo as mesmas de memória, mas, antes, que ocupa a posição de autoria, na medida em que é o próprio princípio organizador dos textos.

Indícios de autoria nas narrativas orais de dona Madalena

Levando-se, então, em consideração que o autor é aquele que estrutura ativamente o texto, procurando produzir no leitor alguns efeitos de sentido (ou seja, procurando colocar o leitor em posições específicas de leituras daquele texto), meu objetivo, nesta seção, é mostrar como alguns desses efeitos são produzidos por dona Madalena em algumas de suas narrativas.

a. O efeito de suspense

Esse efeito de sentido é criado pela interrupção do fluxo narrativo, e pela sugestão antecipada de que algo de importante vai acontecer na ação, sem que seu conteúdo seja explicitado naquele momento. O autor aqui representa-se como um narrador onisciente, a fim de produzir o efeito de suspense. No mesmo movimento, representa o narratário como um lugar do discurso com base no que não há possibilidade de acesso aos sentidos sugeridos, que estão transitoriamente interditados para ele (narratário).

Na estória intitulada "Jobão e Albino" dona Madalena produz um efeito de suspense na seguinte passagem. Em um dos episódios da narrativa, o protagonista, rei Albino, oferece-se a outro rei, de nome Lulu, para ir guerrear. O trecho a que me refiro vai citado a seguir:

> — Então o rei tinha que... o rei lá, o rei Lulu tinha que i nessa guerra [...] E jornal pa toda parte, a chamada do rei Lulu. O rei Albino, o príncipe Albino foi e chamou o rei Lulu. Falou: "Rei Lulu! Rei Lulu! Eu sou novo, eu vou guerrear no seu lugar".

Neste ponto da narrativa, temos a introdução do suspense. O parágrafo seguinte fica assim:

> — Por que o Albino, por que ele se ofereceu? Ele não devia ir! porque se ele... Ninguém conhecia o que ele era. Ele era

só um jardineiro do rei e depois virou rei, porque casou com uma princesa. Por que ele se interessou?

O recorte acima produz no leitor/ouvinte o efeito de que o autor sabe alguma coisa importante, que não quer compartilhar naquele momento da narrativa. Mas, ao mesmo tempo, produz a expectativa de que esse fato irá ser explicitado mais adiante.

Linguisticamente, essa produção específica de sentido ocorre devido ao uso da forma interrogativa, que produz um questionamento dos motivos que teriam levado o rei Albino a querer guerrear no lugar do rei Lulu. É interessante notar, também, que a autora antecipa objeções virtuais do narratário ("Ele não devia ir!"), o que torna mais necessária a solução do mistério.

Outra instanciação, nesta mesma narrativa, em que o efeito de suspense é produzido, é a seguinte: em outro ponto da narrativa, uma das personagens, uma baronesa que havia desaparecido da casa dos pais, volta para casa disfarçada de homem para pedir emprego e é contratada como cozinheiro. O trecho é o seguinte:

> — E ela foi lá, cortô o cabelo, rapô, passô navaia e vestiu de home e foi. O pai dela tava precisano aí de um cozinheiro. Bateu: "Ô, eu vim aqui pro cê dá emprego pra mim (*voz grossa*) que eu sou cozinheiro, tenho profissão e vocês tá precisano de, de um cozinheiro home e eu, eu sirvo".
> Aí a mãe: "Ah, então trata esse moço pa, pa trabaiá pra mim".

Neste ponto a narrativa é interrompida, e a autora faz a seguinte observação: "Ceis tão sabendo que não era moço nenhum, né?"

A função discursiva do trecho acima parece ser a de garantir que o narratário continue cúmplice da autora, ou seja, continue olhando para os eventos narrados da mesma perspectiva que ela olha. O efeito de suspense criado aqui existe para apenas algumas personagens (o pai e a mãe), que ignoram ter contratado a própria filha como cozinheiro.

b. Indícios da antecipação, pelo narrador, de necessidades do narratário

Outra evidência de que dona Madalena ocupa a posição de autora de suas narrativas está nas frequentes ocorrências de antecipação de necessidades do narratário dentro do narrado. A autora antecipa dúvidas, questionamentos e necessidades de informações que não são reais, são virtuais, e introduz na narrativa os elementos que julga necessários para solucionar esses problemas.

Apresentarei dois recortes da narrativa "Joãozinho ladrão" a fim de ilustrar esse ponto.

No primeiro deles, Joãozinho tem a tarefa de roubar um cabrito de um homem. Antes dessa tarefa, já havia se desincumbido de outra, que era a de roubar um porco de um outro homem. É preciso que o autor especifique que se trata de dois homens diferentes, caso contrário a narrativa perderia a verossimilhança, uma vez que a armadilha armada por Joãozinho é igual nos dois casos. Como essas duas personagens não têm nome, elas são ambas referidas pelo pronome "ele", ou então, "o homem" (que às vezes a autora trocava por "o ladrão"), o que produz uma ambiguidade. O resultado desse uso anafórico do pronome é que, em um dado momento do segundo episódio (o do roubo do cabrito), a autora percebe que o narratário poderia pensar que se tratava do mesmo homem de quem fora roubado o porco. No recorte seguinte podemos observar como ela contorna esse problema, surgido da antecipação de uma dúvida do narratário:

> — O, o outro ladrão (= homem) foi lá e comprou uma chapa, uma tesoura e enfiou dentro da capanga, né? E comprou um cabrito. E ele tinha vindo com esse cabrito amarrado igual o porco. Aí, o Joãozinho fez igual. *Era outro ladrão.* Ele pois a butina cá e pois a butina cá. Depois ele escondeu no meio do mato; o homem achou a butina [...] Ele largou o cabrito lá amarrado. *Era outro — não sabia de nada também...*

As ocorrências de *igual* ("igual o porco"; "fez igual") é que provavelmente levam a autora a perceber que, se a ação é igual, no entanto, o homem que é enganado e roubado por Joãozinho é outro (não é o mesmo do porco). Como solucionar essa antecipação de uma dúvida do narratário, se não há nome próprios para distinguir o primeiro homem do segundo? As duas cláusulas explicativas ("Era outro ladrão" e "Era outro — não sabia de nada também") têm essa função.

No segundo recorte, Joãozinho e seus dois irmãos estão voltando para a casa dos pais após terem conseguido cada um seu diploma: o primeiro de alfaiate, o outro, de sapateiro, e o Joãozinho com o diploma de ladrão. Então os três se encontram e seguem juntos o resto do caminho de volta a casa. Cada um começa a dizer o que vai levando de presente para os pais, e em que se diplomou. Primeiro fala o alfaiate (Antonio), depois o sapateiro (José). Aí chega a vez de Joãozinho. Neste ponto da narrativa, a autora faz a seguinte observação:

> — Aí, aí ele falou... *o Joãozinho era o caçula*, hein? *O Joãozinho era o caçula*. O Joãozinho tinha 15 anos, fez 15 anos lá pro mundo, o Joãozinho.

Essa observação tem a função de antecipar, para o narratário, a desagradável surpresa e o choque que vai ser para os pais e irmãos do Joãozinho, quando souberem que sua profissão é de "ladrão". É um fato do interdiscurso que o filho caçula geralmente é mais "mimado" que os demais. É esse sentido que a autora pretende trazer para o intradiscurso, a fim de produzir o efeito de sentido já mencionado aqui, no momento em que Joãozinho anunciar sua profissão. Sem esse comentário, as passagens seguintes, no entender da autora, perderiam a verossimilhança para o narratário:

> — Aí, os meninos (= *os irmãos*) ficô numa tristeza mesmo. Os menino ficou chorando. Os menino chorô, derramô lágrima, ali, onde eles encontraram... (...) [*e disseram*]: "Ô, Joãozinho, cê sendo o caçula, você que vai dá desgosto pra minha mãe. Ocê que vai branquejá o cabelo da minha mãe e do meu pai...".
> — Aí, a véia [= *a mãe*] leu [*o diploma do Joãozinho*] e começou a chorá... Os irmão, tudo mundo... A véia, deu vertige, [...] foi pro hospital. [...] O véio [= *o pai*] ficou maluco, não sabia o que fazia...

c. Re-significação de elementos da experiência de dona Madalena dentro do narrado

Em muitos momentos, principalmente quando precisa nomear, pessoas, lugares etc., a autora introduz nas narrativas elementos de sua realidade, os quais passam, assim, a fazer parte do ficcional criado por ela. Apresentarei abaixo algumas instanciações:

• Na narrativa "A mulher que tinha vontade de ter uma filha e ganhou uma porquinha" em um dado momento da ação, um vizinho, invejoso do rapaz que se casou com a linda moça disfarçada de porquinha, resolve fazer o mesmo com uma porca qualquer:

> — E esse moço zoiúdo, que vivia só perguntando da vida dele, viu que a menina era gente, [...] foi lá no chiquero dos porco lá dos *Junquera* e [...] namorô uma porca lá a noite inteira. [...] Aí, foi lá, e falô pro *Junquera*: "Ô, *Junquera*, dexá eu casá com aquela porca que eu vi lá no chiqueiro?"

No recorte acima, o Junqueira, introduzido como personagem, é um sobrenome bastante conhecido na cidade. Trata-se de família de classe alta, que possui usinas, fazendas etc.

• Nessa mesma narrativa, temos a introdução de outro personagem com o nome de uma ex-patroa da autora:

> — Aí o moço foi e escondeu assim numa moita e ficô oiando. A leitoinha chegava e tirava a roupa de porco, porque ela era encantada. [...] Tirava a roupa, e ficava aquela moça linda.

Aí o moço encantô dela. Aí, o moço foi lá e falô pra dona assim: "Olha dona... dona *Isordina*, a senhora deixa eu casá com a leitoinha da senhora?

A hesitação antes do ato de nomeação da dona da leitoa indicia a busca, na memória discursiva da autora, de um nome adequado para a personagem.

A meu ver, a função discursiva dessa estratégia, que revela tão claramente a autoria, é a de garantir um efeito de verossimilhança ao narrado. É como se nesses momentos a autora se colocasse na posição de testemunha dos fatos narrados.

Conclusões

Na seção anterior, apresentei evidências de que dona Madalena não é um mero eco de fórmulas preexistentes. Pelo contrário, pode-se constatar que ela está constantemente atuando sobre a estrutura linguístico-discursiva das narrativas que produz, construindo efeitos de sentido que parecem estar relacionados à memória enunciativa dela, a elementos do interdiscurso, e a mecanismos de antecipação ou formações imaginárias sobre necessidades virtuais do narratário.

Todos esses aspectos encaminham nossa conclusão para a postulação de que a função-autor dessas narrativas está sendo preenchida pela própria dona Madalena. Ora, sendo ela analfabeta e, portanto, sem uma história interacional que inclua práticas de contato direto com textos escritos, pode-se concluir que seu discurso oral está atravessado por características que geralmente são atribuídas ao discurso escrito, sendo a função-autoria o critério central que define essa posição. Ao mesmo tempo, esses argumentos funcionam contra a teoria da grande divisa, quer em sua versão "clássica", quer em sua versão "moderna".

É claro que se formos examinar a estrutura linguística das narrativas de dona Madalena, encontraremos elementos característicos da língua oral. Não estou defendendo aqui uma posição romântica, idealista, nem pretendo comparar os recursos estilísticos que ela utiliza com aqueles dos grandes escritores de ficção. Pretendo simplesmente mostrar que não se pode concluir necessariamente, pelo fato de que ela é analfabeta, que suas estórias não contêm elementos de escrita, nem que seu discurso oral é "iletrado".

E dois efeitos de sentido já mostrados, por serem ligados à função autor, ilustram a presença da escrita na oralidade dessas estórias. Defendo a posição de que a explicação para esses fatos deve ser buscada em uma concepção sócio--histórica de letramento, que tenha como critério central a concepção discursiva de autoria.

4
Letramento e atividade discursiva

Introdução

Já vimos, nos capítulos anteriores, que a literatura sobre o letramento, principalmente a de tradição norte-americana, tem enfatizado quase unanimemente a existência de uma relação de causa e efeito entre a aquisição da escrita, por um lado, e o aparecimento do raciocínio lógico, por outro. Assim, é comum encontrar em vários autores que tratam da questão a afirmativa de que uma das consequências da expansão social da escrita seria a formalização do raciocínio, que se materializaria no discurso científico, em geral, e no raciocínio lógico, em particular. Olson (1977), por exemplo, afirma que o letramento atinge sua forma mais sofisticada na lógica e no raciocínio hipotético, e que a escrita promove a objetividade e a possibilidade do aparecimento do raciocínio dedutivo. Hildyard e Olson (1978) estabelecem uma diferenciação entre sociedades orais e letradas usando como critério o pensamento lógico e científico, que existiria nas segundas, e seria promovido essencialmente pelo sistema educacional e pela alfabetização.

Na direção de mostrar a importância da escola e do ensino formal para o aparecimento e domínio do pensamento lógico, pode-se citar Greenfield (1972), para quem a presença da abstração e das habilidades lógicas estariam relacionadas com a aquisição da escrita na escola. Para a autora, somente pessoas alfabetizadas apresentam habilidades como abstração, simbolização e lógica formal. Também para Goody (1968, 1977) e Goody e Watt (1968), a diferença fundamental entre as sociedades letradas e as ágrafas está nos processos cognitivos e no desenvolvimento da lógica. Finalmente (mas sem esgotar o assunto), Donaldson (1978) e Olson (1984) também concordam que é a língua escrita o instrumento para o pensamento lógico. Assim, parece haver um consenso acerca do fato de que a difusão social da escrita, ou seja, a adoção generalizada de um sistema (alfabético) de escrita, tem como consequência a formalização do pensamento, o raciocínio abstrato, dedutivo, descentrado, características essas das quais o *silogismo*, ou raciocínio lógico-verbal, representa a materialização discursiva.

Historicamente, existe uma correspondência entre o aparecimento do discurso lógico-verbal e o do discurso escrito, conforme mostram vários autores (Havelock, 1976; Goody, 1986; Tfouni, 1988a).

Com efeito, a estrutura do silogismo (premissa maior; premissa menor; conclusão) independe de qualquer outro tipo de informação para ser entendida. O raciocínio silogístico clássico (aristotélico)[1], portanto, constitui-se em um tipo

---

1. O silogismo clássico criado por Aristóteles é: "Todo homem é mortal (*premissa maior*)/Pedro é homem (*premissa menor*)/Logo, Pedro é mortal (*conclusão*)".

de discurso que exige que o sujeito (do discurso) se coloque em uma posição na qual suas experiências e conhecimento factual podem ser dispensados. Essa questão está bem colocada, na passagem abaixo, de Luria (1977, p. 101), na qual o autor faz um comentário sobre o processo de produção sócio-histórica de sistemas de códigos, cuja função é servir de canal para que os conceitos sejam expressos: "À medida que o pensamento teórico se desenvolve, o sistema torna-se cada vez mais complexo. Em acréscimo às palavras [...] e às sentenças [...], este sistema também passa a incluir *"artifícios" mais complexos e lógicos que tornaram possível realizar as operações de dedução e inferência sem necessidade de obter apoio da experiência direta* (grifo meu).

Um desses "artifícios", segundo Luria, é o silogismo, conforme fica explícito nas passagens seguintes do autor: "O silogismo é o resultado de uma longa experiência prática refletida num código lógico-restrito." (op. cit. 104-5). "Na história da linguagem e na história da lógica formaram-se meios objetivos, que automaticamente transmitem ao indivíduo a experiência das gerações, livrando-o da necessidade de obter informação da prática individual imediata e permitindo-lhe obter o juízo correspondente por via teórica, lógica." (op. cit. 105).

Existe, portanto, uma relação íntima entre o aparecimento e a expansão social da escrita e a criação de matrizes discursivas (como é o caso do silogismo) que materializam as características de objetividade, descentração e abstração, características estas que por sua vez são apontadas como produtos da habilidade para ler e escrever, ou seja, da alfabetização.

A questão que será examinada aqui está relacionada com o seguinte raciocínio:

Em uma sociedade letrada, apesar de a maior parte das atividades ser organizada na forma da escrita, existem, no entanto, grupos de pessoas que delas participam de uma forma tangencial, até marginal, visto que não sabem ler nem escrever. São os não alfabetizados, que têm sido descritos como "pré-lógicos", "primitivos" etc. (para uma crítica a esta categorização, ver Tfouni, 1987).

Estudos clássicos sobre a compreensão de raciocínios lógico-verbais por grupos não alfabetizados têm servido para tornar mais forte essa suposição de inferioridade, visto que usualmente tais estudos enfatizam aquilo que essas pessoas não são capazes de fazer, ou as modalidades de raciocínio que teriam em oposição aos alfabetizados (v. g., Luria, 1977; Scribner e Cole, 1981). Em qualquer caso, as conclusões das pesquisas desse tipo são sempre comparativas, e os dados são olhados como evidência de alguma coisa "que falta", "que não está lá".

A partir de um posicionamento que critica a visão do "déficit", pode-se, alternativamente, levantar o seguinte problema: Se as pessoas não alfabetizadas não "entendem" os silogismos, quais estruturas elas colocam no lugar? De um ponto de vista discursivo, fundamentado na análise do discurso francesa (Pêcheux, 1988; Orlandi, 1987), sabe-se que quando uma determinada região dos sentidos está proibida para o sujeito do discurso, ele realiza um ou vários deslocamentos, significando em outra região, de uma maneira transformada, aquilo que lhe está interditado.

Assim, de um ponto de vista discursivo, ao invés de computar "erros" ou "acertos", ou ainda de realizar uma análise que evidencia a "falta", a "falha", podemos investigar qual outro tipo de discurso ocupou o lugar onde deveria ter sido produzido um discurso do tipo lógico, ou científico.

É disso que tratarei neste trabalho: por meio da apresentação de alguns resultados a que cheguei durante a pesquisa que venho realizando há cerca de 10 anos com adultos brasileiros não alfabetizados.

O processo de formação do *Corpus*

Os dados — entendidos aqui como elementos indiciários de um modo de funcionamento discursivo específico, conforme exponho em Tfouni (1992b) —, que apresentarei e analisarei, foram coletados em pesquisa de campo na qual 150 adultos não alfabetizados foram "testados" em uma tarefa de compreensão de silogismos. A estruturação dessa metodologia está descrita a seguir.

Foram elaborados 10 silogismos, os quais tinham esta estrutura:

Premissa maior
Premissa menor
Conclusão na forma interrogativa.

Como exemplo, cito o silogismo seguinte: "Todas as frutas têm vitamina. A maçã é uma fruta. Ela tem vitamina, ou não?" É a mesma estrutura utilizada nos trabalhos de Luria (1977) e Scribner e Cole (1981).

Os adultos foram contatados e testados em suas próprias casas. Todo o material foi gravado e posteriormente transcrito. Os silogismos eram lidos pela entrevistadora e a aplicação da testagem obedecia a três etapas:

    i. Na etapa da *Resposta*, o adulto deveria responder à pergunta que equivalia à *conclusão lógica*. Deve-se observar que algumas perguntas tinham a estrutura de interrogativa "sim/não" (como no exemplo acima), enquanto outras eram do tipo "qu_"[2], como em: "Os animais selvagens moram na floresta. O tigre é um animal selvagem. Onde ele mora?"

    ii. Logo após a resposta, pedia-se para o adulto *justificar--se*, perguntando-lhe "Por quê?". Esta é a etapa da *Justificativa*.

    iii. A terceira etapa é a da *Repetição*. Nesta, o adulto era solicitado a repetir o silogismo tal como ele lhe havia sido apresentado. A entrevistadora podia ler novamente o silogismo até três ou quatro vezes, antes que essa etapa fosse completada.

    Não havia uma ordem rígida de apresentação nessas três etapas, exceto quanto ao fato de a justificativa ser sempre solicitada após a resposta. Cada adulto ficava livre para responder primeiro, ou repetir primeiro.

    Antes do início da testagem, explicava-se ao adulto o que se pretendia que ele fizesse, e estas instruções eram repetidas sempre que necessário.

    Todo o processo era gravado em fita audiocassete, e posteriormente fazia-se uma transcrição literal.

---

    2. Interrogativas "qu_" são aquelas que contêm as palavras "quem?", "quando?", "como", "qual" etc.

Sobre o *corpus* assim constituído após as transcrições, realizou-se uma análise que procurava detectar lugares do funcionamento linguístico-discursivo desses adultos que estivessem indiciando um modo de funcionamento específico de sua condição de não alfabetizados. Através desta observação de indícios, notou-se que, em muitos casos, nas etapas de justificativa e da repetição, os silogismos eram substituídos por *narrativas*, quer sob a forma de *relatos de experiência pessoal*, de *narrativa de ficção*, ou de *casos* (ou seja, uma mistura de relatos com fatos ficcionais).

Na seção a seguir, serão apresentados alguns recortes ilustrativos.

Apresentação de dados

Esse processo de produção de narrativas durante a testagem de compreensão de silogismos ocorreu com muitos dos adultos investigados, e em diversos lugares da atividade interacional estabelecida. Muitos deles, por exemplo, começavam a narrar eventos de experiência pessoal, em virtude de um processo metonímico que estabeleciam entre "maçã-vitamina-doença-saúde", quando lhes era apresentado o silogismo seguinte:

> Toda fruta tem vitamina
> A maçã é uma fruta
> Ela tem vitamina, ou não?

Um dos adultos, por exemplo, disse o seguinte, produzindo uma resposta e uma justificativa para essa resposta:

"Ah, tem vitamina, sim, porque... eu acho que ela tem vitamina porque a gente sempre, né, quando qué fazê alguma coisa qualquer pr'uma criança, né, tem que tá correndo, e eu mesmo já dei muita fruta... de maçã pro meus filho... Então... daí eu acho que ela tem vitamina, porque alimenta muito os bebês, né? Assim, pras pessoas quando tá fraca [s/i][3] dá maçã, né, primeira coisa que eu vejo, quando não é banana, tem que sê a maçã. Então eu acho que ela tem muita vitamina."

Vejam os(as) leitores(as), a seguir, o relato seguinte produzido por uma mulher, a qual, após a apresentação desse mesmo silogismo, passou a comentar o preço da maçã, e se ela podia ou não comprar essa fruta: "Não, eu posso, sim... Graças a Deus, gente, graças a Deus, não posso tê queixa, sabe? Eu sou uma mulher que é assim: eu vivo sozinha com Deus. Meu marido me tocou o pé por causa de uma menina nova... Ele tinha um dinheirinho... Todo mundo ficou muito 'ganjin' porque achou que ele era grande coisa, juntá co'essa minina. Eu fiquei quietinha no meu canto, trabalhando, sofrendo, tudo, né? A gente passa aquele desgosto porque a gente viveu cinquenta e quatro ano junto, né? Agora, a menina — acabô o dinheiro — socô o pé no rabo dele... Gostei!"

Observem agora o "caso" produzido por uma outra mulher durante a justificativa para o silogismo:

Os animais selvagens livres moram na floresta
O tigre é um animal selvagem livre
Onde ele mora?

---

3. Segmento ininteligível.

"[*Mora*] no mato, né, na selva. [...] Porque é gato, é do mato... Esses bicho aqui são tudo do mato. Lá no Paraná, mataram uma bicha dessa bem pertinho de onde nóis morava, como daqui ali... Lá em Pernambuco, meus filho era tudo caçador, matava cada bichona dessas, tinha aquele montão de carne... Era tão gostoso..."

Como entender e explicar essas narrativas? Do ponto de vista do letramento, coloca-se aí, de um lado, a questão do discurso "alfabetizado", fundamentado na leitura/escrita, e que supõe a separação entre o sujeito que conhece e o objeto a ser conhecido. De outro, o discurso "analfabeto", intensamente embebido na experiência pessoal e na subjetividade, lugar onde se inscrevem as atividades de "contar histórias", atividades estas que estão embebidas em práticas sociais que organizam a vida e as interações desses adultos. As narrativas aparecem, então, como uma oposição, no discurso do não alfabetizado, à organização lógica e formalizada do discurso alfabetizado, que se materializa no silogismo, em particular, e no discurso científico em geral.

Nesta linha de raciocínio, a narrativa emerge como o lugar discursivo alternativo ao raciocínio lógico-verbal, sendo que a primeira parece ser privilegiada principalmente por não alfabetizados (e também acrescentaria eu, alfabetizados com baixo grau de letramento), enquanto o segundo seria utilizado principalmente por alfabetizados com um grau médio ou alto de letramento. Mas não é só nisso que se resume a questão. Ambos são tipos de discurso que, apesar de se caracterizarem pela autorreferencialidade, distanciam-se um do outro com relação a outros fatores. Nas seções que se seguem, discutirei com mais detalhes essas colocações.

Discurso narrativo e discurso científico: fidedignidade x verdade

Como a oposição acima delineada pode ser explicada com base na teoria da análise do discurso? Silogismo e narrativa constituem-se em discursos diversos, produtos sócio-históricos que instalam lugares discursivos diferentes, o que determina também um tipo de relação entre sujeito e sentido que não é igual.

A narrativa, de acordo com Bres (1989), Ricoeur (1983) e Bruner (1991), está na base de toda elaboração que fazemos sobre o mundo. Sua função principal é organizar, através da linguagem, nossas interações, conhecimento e experiências sobre (no) mundo e com o Outro. Para Ricoeur, "não é possível viver no grau zero da narratividade" (1983, p. 5). Isso significa que existe uma relação entre nosso conhecimento sobre nós mesmos, o o(O)utro e o mundo, por um lado, e a construção de narrativas sobre eles, por outro lado.

Assim, o discurso narrativo aparece como o lugar privilegiado para a elaboração da experiência pessoal; para a transformação do real em realidade, por meio de mecanismos linguístico-discursivos, e também para a inserção da subjetividade (entendida aqui, do ponto de vista discursivo, como um lugar que o sujeito do discurso pode ocupar para falar de si próprio, de suas experiências, conhecimento do mundo, sentimentos, ou, mais sucintamente, entendida como a forma pela qual o sujeito organiza sua simbolização particular).

O silogismo, por sua vez, é a materialização das principais características atribuídas à escrita e ao letramento: a descontextualização, a objetividade. Isto significa que o sujeito do silogismo pretende colocar-se como "livre de toda subjetividade". A antítese da narrativa, portanto.

Essa questão está tratada com maior profundidade por Bruner (1991). Para esse autor, existe uma oposição entre o discurso narrativo e o discurso não narrativo, no fato de que apenas as narrativas estão atreladas a uma *condição de fidedignidade*, enquanto o discurso científico está preocupado com a *verdade* dos fatos que representa. "Fidedigno" é diferente de "verdadeiro", em que o último atributo é um critério de discursos científicos, altamente letrados, discursos estes que não existem sem a intermediação de um sistema de escrita, enquanto a fidedignidade é um critério da literatura e da psicanálise.

Assim, enquanto atividades discursivas, o discurso narrativo e o discurso lógico-científico se opõem. Essa oposição determina uma polarização em termos de quais lugares discursivos o sujeito pode ocupar em cada caso, bem como das perspectivas sobre o objeto que ambos estruturam, conforme será discutido mais detalhadamente a seguir.

Interpretação narrativizante e Interpretação generalizante

O silogismo e a narrativa, como já foi visto, constituem-se em dois tipos diferentes de discurso, que por sua vez são produtos de atividades interpretativas diferentes realizadas pelo sujeito. No caso do silogismo, há uma, e apenas uma, interpretação possível; caso contrário, a estrutura *law-like* ("em forma de lei") será destruída, e a relação de inclusão lógica, dissolvida. O exemplo seguinte, de um dos adultos investigados nesta pesquisa, ilustra esse processo interpretativo que produz o apagamento do discurso lógico-verbal:

Diante da apresentação do silogismo

Toda fruta tem vitamina
A maçã é uma fruta
Ela tem vitamina, ou não?

após responder "sim", um dos adultos justificou sua resposta da seguinte maneira: "Porque a gente sente, né; a gente comendo, a gente sente que ela tem o gosto mais suave, mais gostoso."

O mesmo adulto repetiu o silogismo como se segue:

"Toda maçã tem uma fruta, uma vitamina. Ela tem vitamina, ou não?

Como se vê, tanto na justificativa quanto na repetição, os sentidos produzidos estão em outra região discursiva, na qual não existe mais aquela exigência de uma perspectiva fechada para falar do objeto, ocorre nos discursos científicos em geral, os quais dão ao sujeito a ilusão de que ele consegue materializar linguisticamente seu pensamento, dando "transparência" ao seu dizer.

No caso do discurso narrativo, temos, ao contrário, uma atividade interpretativa, levada a efeito pelo sujeito, que pode ser denominada de *narrativizante*, e que estabelece uma perspectiva para falar do objeto, que é *aberta*.[4]

---

4. Agradeço a Claudia T. G. de Lemos pela discussão destes aspectos, bem como pela sugestão da nomenclatura aqui adotada.

Do ponto de vista enunciativo, tais diferenças também encaminham para atividades diferentes: o silogismo institui uma atividade discursiva *fechada* à dialogia, no sentido de que a inclusão do outro só se dá mediante condições altamente controladas. Já a narrativa é *aberta* à dialogia, pela própria característica de ser estruturada a partir de várias perspectivas, conforme afirma, por exemplo, Bakhtin (1985), segundo o qual existe na narrativa a possibilidade de o autor colocar-se em uma posição extraposta ao texto que está produzindo, estabelecendo, assim, um "excedente de visão", que lhe permite olhar ação e personagens de um lugar externo a ele mesmo.

Assim, mostramos que o discurso lógico-verbal, altamente letrado, e diretamente relacionado com a escrita, produz sentidos e desencadeia atividades interpretativas e dialógicas que são diferentes do discurso não letrado, em que se insere o sujeito não alfabetizado, discurso este que tem na narrativa sua materialização mais específica.

Mas a discussão não se esgota aí. As práticas instituídas pelo discurso da escrita, apesar de estarem próximas dos não alfabetizados (visto que em uma sociedade letrada quase todas as atividades se organizam com a mediação da escrita), não estão, no entanto, ao seu alcance.

Cabe, assim, perguntar: Que espécie de conhecimento é este, que leva à produção de silogismos, por um lado, e de narrativas, por outro? Para responder, é preciso falar sobre o fator estrutural determinante desses processos de restrição/abertura, presentes nas atividades interpretativas, desencadeados pelos discursos silogístico/narrativo. Trata-se do *genérico*, que analisarei a seguir.

Genérico e atividade discursiva

Existe uma diferença de natureza entre os genéricos presentes na premissa maior dos silogismos e aqueles genéricos que ocorrem nas narrativas, diferença esta que foi investigada em profundidade em trabalhos anteriores meus (Tfouni, 1988; 1992a). Retomarei aqui apenas os elementos mais relevantes para esta argumentação.

O silogismo, produto mais acabado da escrita, e "carro-chefe" da ciência galileana, caracteriza-se pela inclusão de um particular em um genérico, cuja função, como já vimos, é restringir o conhecimento, fechar as perspectivas a partir das quais se fala do objeto. Assim, genéricos como "o plástico não enferruja" criam um efeito de sentido segundo o qual a única "qualidade" (predicado) que se pode enunciar a respeito do plástico é "não enferrujar". Existe aí um mecanismo de ocultamento de outros sentidos possíveis, que se torna mais eficaz com a presença do verbo no chamado "presente omnitemporal". No mesmo movimento, essa estrutura tem o poder de apagar as marcas da enunciação, dando a ilusão da objetividade e da verdade completas: não importa *quando*, *quem*, nem *onde* ou *para quem* esse genérico se dirija; seu efeito de sentido é sempre exatamente o mesmo (ou seja, garantir que um fenômeno permaneça idêntico, quando se mudam as "variáveis"...). Conforme afirmei em outra ocasião (1992a, p. 113), "o genérico dos silogismos está direcionado para a formalização de uma estrutura científica".

No entanto, contra essa ilusão da onipotência do sujeito com relação ao sentido de seu dizer, gostaria, aqui de falar do outro genérico: aquele das narrativas. Antes de antepor o que coloca a análise do discurso, nas palavras de seu maior teórico, Michel Pêcheux (1990, p. 53), "todo enunciado é intrinsecamente suscetível de tornar-se outro, diferente de si mesmo, se deslocar para um outro. [...] Todo enunciado, toda sequência de enunciados, é pois, linguisticamente descritível como uma série (léxico-sintaticamente determinada) de pontos de deriva possíveis, oferecendo lugar a interpretação".

Na citação de Pêcheux, vemos negada a pretensa transparência do sentido (e da linguagem) que o genérico do silogismo procura instituir. O que Pêcheux propõe é o discurso enquanto acontecimento, é o sentido enquanto determinado por condições de produção que são tanto enunciativas quanto sócio-históricas. Do ponto de vista que estou discutindo aqui, um desses "pontos de deriva possíveis" é a substituição daquele genérico do silogismo, que procura restringir a interpretação, por outro, que, ao contrário, abre as perspectivas para visões (e sentidos) alternativas. Esse processo de deslizamento de sentidos produz o efeito de transformar as premissas maiores em visões particulares do mundo, que são expressas, nos casos que estou examinando aqui, por uma estrutura narrativa, seja ela de ficção, de experiência pessoal, ou "casos".

Mas, que genéricos são esses? Trata-se dos provérbios, *slogans*, máximas, rezas, fórmulas adivinhatórias etc., que estão profundamente arraigados em "fórmulas encapsuladas" (conforme de Lemos, 1984), resumos historicamente constituídos das experiências e atividades do homem sobre o (no) mundo. Trata-se de genéricos que codificam os valores e crenças de uma cultura. Muitos deles, especialmente os provérbios, na verdade, ultrapassam as fronteiras de uma cultura específica e simbolizam sistemas culturais; por exemplo, ocidental-cristão: *Per aspera ad astra*[5]; ou oriental: *Olho por olho, dente por dente*. É interessante notar que esse processo de generalização não tem origem apenas na tradição oral. Existem máximas que são na verdade recortadas de obras escritas e acabam sendo usadas separadamente do seu contexto inicial, que é, muitas vezes, literário. *The child is the father of the man*,[6] por exemplo, é um verso da belíssima poesia de Wordsworth, intitulada *My Heart Leaps up* (Hayward, 1958, p. 261), mas transformou-se na representante condensada de uma visão a respeito da infância, do desenvolvimento e da educação. É o equivalente da máxima popular, menos literária e menos letrada: *É de pequenino que se torce o pepino*.

A função desses genéricos é, portanto, de *transportar* sistemas de valores e crenças, de cultura para cultura, de geração para geração. A sua aparente descontextualização é enganosa, visto que eles se prestam ao uso em inúmeros contextos. São, portanto, fórmulas genéricas *abertas*, ao contrário dos genéricos dos silogismos, que são *fechados*.

O que está em jogo, no primeiro caso, é todo um processo cultural (histórico) de apropriação da palavra alheia. O genérico das narrativas é polifônico, visto que a linguagem ali está "superpovoada com as intenções alheias" (Bakhtin, 1981, p. 293, apud Hutcheon, 1992, p. 111). O genérico do silogismo tenta apagar o *interdiscurso*, instituindo a ilusão de que só o que é efetivamente *dito* faz sentido (o *intradiscurso*).

Segundo Pêcheux (1988) os mecanismos que garantem a coesão, correferência, enfim, a coerência lógica do "fio

---

5. Provérbio latino que significa: *Por caminhos ásperos* [se chega] *aos astros*.
6. *A criança é o pai do homem*.

do discurso", ficam apenas em nível consciente da relação sujeito/sentido. O funcionamento intradiscursivo nos dá apenas a dimensão temporal e espacial "daquele discurso com relação a si mesmo (o que eu disser agora com relação ao que eu disse antes e ao que direi depois)" (1988, p. 166). O processo de constituição histórica do sujeito do discurso e dos sentidos possíveis de serem veiculados em determinada época (o *interdiscurso*) ficam aparentemente apagados no genérico do silogismo.

Ideologicamente, esse processo dá sustentação tanto às duas ilusões a que Pêcheux (1969) se refere (a ilusão que o sujeito tem de ser a fonte, a origem de seu próprio discurso, e a ilusão da materialidade do pensamento), quanto ao constructo ideológico que o autor denomina "o impossível sujeito da ciência" (1988, p. 166).

Conclusões

Dentro dessa discussão, a ocorrência das narrativas pode ser vista como uma forma de resistência (no discurso) dos analfabetos à tentativa de imposição de um sentido único em um contexto que, historicamente, ancora-se na dialogia, mas pretende "testar raciocínios lógico-verbais".

Orlandi (1992, p. 76) trata dessa questão enquanto tema que deve ser referido à *política do silêncio* em uma de suas formas; a saber, o silêncio constitutivo: "a política do silêncio se define pelo fato de que ao dizer algo apagamos necessariamente outros sentidos possíveis, mas indesejáveis, em uma situação discursiva dada".

O silêncio constitutivo teria, segundo a autora, o efeito de impedir a veiculação de "sentidos que se quer evitar, sentidos que poderiam instalar o trabalho significativo de uma 'outra' região de sentidos" (id., ibid.).

Assim funciona o genérico fechado dos silogismos: silencia outros sentidos possíveis, monologiza o dizer.

O que se pode ver nos "dados" que estou analisando é um movimento do sujeito do discurso, também descrito por Orlandi, sujeito este que, ao se ver impedido de significar naquele lugar, desloca-se para outra região discursiva, e significa de outro modo. No caso, traz as narrativas para enfrentar os silogismos.

Do ponto de vista ideológico, então, os raciocínios formalizados discursivamente de maneira "coerente e lógica" criam a ilusão da transparência da linguagem e do sujeito descentrado, planejador do seu próprio dizer. A superioridade do "sujeito da ciência" está fundada nessa ilusão, que é necessária, visto que garante a identificação do sujeito consigo mesmo e seus "semelhantes" (conforme Pêcheux, 1988, p. 171). Mas deste movimento de mostrar o raciocínio descentrado como único caminho para a verdade, resulta que outras práticas discursivas alternativas, como a narrativa, passam a ser consideradas "inferiores", "inadequadas" etc.

Para o(a) leitor(a) que porventura esteja conjeturando se, por acaso, eu não atravessei aqui a linha estreita que separa o elogio do "déficit" do elogio da "superioridade intelectual", adianto que não é o caso.

O fato central a ser enfocado aqui, para fugir a uma visão romântica, é que existem formações discursivas *mais letradas*, que são *mais eficazes* do ponto de vista da participação, no social, dos sujeitos que as usam, e que essas formações não estão à disposição de *todos* os indivíduos em uma formação social dada.

A eficácia maior desses discursos está no fato de que criam a ilusão do sujeito e do sentido transparentes, e dão maior poder àquelas que os usam porque produzem um efeito de sentido por meio do qual é atingida a descentração: a metáfora do sujeito "fora de si mesmo", "olhando" para aquilo que diz, e examinando seu discurso como um objeto que pode ser compartilhado "tal e qual" com seu interlocutor.

Sem dúvida nenhuma, saber ler e escrever torna as pessoas mais fortes. A capacidade para suspender as regras, colocá-las fora de si, não está ligada ao raciocínio lógico, mas à escrita. O uso da escrita é que possibilita o poder de abstração, e a abstração, por sua vez, é a "verdadeira arma simbólica" que permite a eficácia, tanto do ponto de vista enunciativo, quanto do ponto de vista histórico--discursivo.

A eficácia histórica da escrita está ligada a um processo de produção de sentidos, que se tornam permanentes e que acabam criando mecanismos de inclusão e exclusão; um jogo ideologicamente regrado, em que o "mais fraco" (antropologicamente falando) nunca leva vantagem.

Do ponto de vista enunciativo, a escrita acaba também sendo altamente eficaz, na medida em que produz discursos pretensamente "objetivos", que estão fora do alcance dos analfabetos (como também dos alfabetizados excluídos das práticas mais sofisticadas de letramento). A história da constituição de sentido do discurso lógico inclui um mecanismo que apaga os traços enunciativos. É como se as palavras não tivessem essa história de constituição de sentidos. Isto dá ao silogismo uma característica de estranheza, que se torna especialmente aguda para os analfabetos. É um mecanismo de exclusão, que se configura discursivamente.

Assim, o movimento de deslocamento dos adultos não alfabetizados para outras regiões do sentido faz com que seja possível para eles quebrar o processo de silenciamento que o silogismo, e, por extensão, o discurso escrito impõem. Esses lugares discursivos permitem-lhes trazer para a situação interacional sua experiência pessoal, julgamentos sobre o mundo, valores etc. Isto é: constituem-se em lugares que permitem a instalação da subjetividade.

Linguisticamente, é importante notar que nos relatos o sujeito do discurso e o narrador confundem-se, e este fato é marcado pelo uso do pronome da primeira pessoa gramatical: "Eu", enquanto o silogismo produz o movimento inverso: efetua o apagamento do "Eu" através de mecanismos linguísticos-discursivos, como o uso de "Todo X" na função de sujeito do enunciado. A substituição do "Eu" por "Todo X" produz um efeito de sentido na direção da generalização, da universalidade.

O uso do "Eu" no lugar de "Todo X" pode ser interpretado ao mesmo tempo como a negação do outro-letrado que "fala" no silogismo, e como a instauração, naquele discurso objetivo, da instância do "Eu".

Assim, a produção de narrativas pode ser tomada como uma reação, dentro do discurso, à estranheza que os não alfabetizados sentem diante do discurso lógico, altamente letrado. As narrativas constroem para eles um lugar de onde podem olhar o mundo de uma perspectiva que serve "como proteção ideológica e narcísica contra a heterogeneidade de sentido introduzida pelo silogismo", de acordo com Authier-Revuz (comunicação pessoal).

5

Sujeito da escrita e sujeito do letramento: coincidência?*

Introdução

Assim como o sujeito da oralidade não se confunde com o sujeito da escrita, também não existe coincidência entre este último e o sujeito do letramento. Irei defender esta posição a partir de uma teoria que considera o letramento como processo sócio-histórico. O sujeito da escrita é dominado por uma onipotência que produz nele um efeito-força (poder). As explicações dadas para isso são de natureza vária: *cognitivas* (o domínio da escrita levaria à abstração, descentração, metaconhecimento); *ideológicas* (o texto escrito, por ter começo, meio e fim, fortalece a ilusão necessária da completude); e *epistemológicas* (a centralidade do linguístico, e, dentro do linguístico, da linguagem escrita,

---

* Conferência apresentada, no Fórum Inter GTS durante o IX Encontro Nacional da ANPOLL, Caxambu, 1994. (Participação financiada pela FAPESP.)

torna mais forte a ilusão da transparência do sentido, além de dar ao sujeito da escrita o sentimento de que ele "faz um" com o texto produzido). O sujeito do letramento, no entanto, não é necessariamente alfabetizado. Isso significa que nem sempre estão ao seu alcance certas práticas discursivas que se materializam em portadores do texto específicos (na modalidade escrita, portanto), cujo domínio é fundamental para a efetiva participação nas práticas sociais. Existe um processo de distribuição não homogêneo do conhecimento, o qual produz tanto a participação quanto a exclusão. Sem dúvida, a exclusão é maior no caso do sujeito letrado não alfabetizado.

A onipotência do escritor

Por que o conhecimento e o domínio de um *script* levam o homem a sentir-se tão poderoso? Desde a lenda de Gilgamesh, um dos mais antigos documentos escritos, já se pode notar essa relação estranha, que para alguns parece tão natural, entre o código escrito e aqueles que o utilizam. Gilgamesh, o rei de Uruk, só conseguiu apaziguar sua busca incessante pela imortalidade quando "gravou numa pedra toda a (sua) história", ou seja, quando escreveu "os mistérios que viu e as coisas secretas que conheceu". Podemos interpretar a lenda de Gilgamesh como uma metáfora: a escrita simbolizando uma forma de vencer o medo da morte, porque garante a permanência, no tempo, daquele que escreve. (Aprofundo melhor esta questão em Tfouni, 1994.)

É desta sensação de onipotência, que parece levar-nos para além dos nossos limites humanos, em direção à imortalidade, quando gravamos na pedra, no papiro, ou no papel aquilo que "pensamos", "desejamos", "planejamos", é disso que eu pretendo começar a falar, mostrando como esse escravizamento chega a assumir, em alguns casos, uma forma de encantamento, principalmente naqueles escritores que são altamente letrados. É o caso da escrita literária, da qual falarei um pouco, tomando como paradigma Italo Calvino. Tal qual Narciso, seduzido pelo seu magistral domínio da escrita, este autor tem um livro intitulado *Seis propostas para o próximo milênio* (Calvino, 1990), no qual desenvolve as seis características que ele desejaria que predominassem no mundo a partir da virada do século XX. O importante a salientar aqui é que ele atribui essas seis características à escrita, principalmente à escrita literária. São elas: a *leveza*, a *rapidez*, a *exatidão*, a *visibilidade*, a *multiplicidade* e a *consistência*.

As cinco primeiras foram desenvolvidas e constam do livro citado. Calvino morreu antes de escrever sobre a sexta (a consistência). Importante, para meu propósito neste momento, é mostrar a relação estreita que existe, para o autor, entre a escrita e a perfeição, sem pretender aprofundar-me em sua obra como um todo.

Assim, sobre a rapidez, por exemplo, diz Calvino (1990, p. 61) que "o êxito do escritor, tanto em prosa quanto em verso, está na felicidade da expressão verbal, que em alguns casos pode realizar-se por meio de uma fulguração repentina, mas que em regra geral implica uma paciente procura do "mot juste", da frase em que todos os elementos são insubstituíveis, do encontro de sons e conceitos que sejam os mais eficazes e densos de significado".

E prossegue o autor (id., ibid.) "estou convencido de que escrever prosa em nada difere do escrever poesia; em ambos os casos, trata-se da busca de uma expressão necessária, única, densa, concisa, memorável".

Essa descrição ilustra exemplarmente como a escrita, o ato de escrever, fornece ao autor a ilusão da materialidade do pensamento (Pêcheux, 1993). Trata-se de uma ilusão, visto que esse encontro da "frase insubstituível", da "palavra certa", ou ainda da "expressão única, necessária", não é, como pode parecer, um processo determinado por escolhas totalmente racionais e conscientes, como se dependesse unicamente de sua competência.

Esse mesmo desejo de controle do dizer, que estou relacionando aqui com um sentimento de onipotência, pode ser encontrado novamente quando Calvino fala da exatidão. Inicialmente, ele coloca-se criticamente contra aquela linguagem que lhe parece "sempre usada de modo aproximativo, casual, descuidado", fato este que produz no autor "intolerável repúdio" (1990, p. 72). Vale observar que Calvino está aqui muito provavelmente referindo-se à linguagem oral, uma vez que na sequência afirma: "Por isso procuro *falar* o mínimo possível, e, se prefiro escrever é que, escrevendo, posso emendar cada frase quantas vezes ache necessário para chegar, não digo a me sentir satisfeito com minhas palavras, mas pelo menos a eliminar as razões de insatisfação de que me posso dar conta" (ibid., grifo meu).

O autor, neste ponto, torna-se incisivo, e coloca-se em defesa de "uma linguagem que seja a mais precisa possível como léxico e em sua capacidade de traduzir as nuanças do pensamento e da imaginação" (1990, p. 72). Esta seria, para ele, a *literatura*, que representaria a salvação para a "epidemia pestilenta" que atingiu "a humanidade inteira em sua faculdade mais característica, ou seja, no uso da palavra, consistindo esta peste da linguagem numa perda de força cognoscitiva e imediaticidade" (idem).

Nessa passagem ficam evidentes, por assim dizer, o poder que o autor atribui à escrita, assim como que ele está presa de uma outra ilusão, além daquela da materialidade do pensamento, que mencionei anteriormente. Mais que ilusão, diria eu tratar-se de um desejo: o desejo da completude, do poder tudo dizer. Nas próprias palavras do Calvino, vemos confirmada esta interpretação. Diz ele: "a literatura [...] é a Terra Prometida em que a linguagem se torna aquilo que na verdade deveria ser" (ibid.).

Porém, lado a lado com essa verdadeira sacralização da escrita, o autor deixa vazar em alguns momentos a angústia que a sustentação dessa posição de onipotência traz (idem, p. 83): "Às vezes procuro concentrar-me na história que gostaria de escrever, e me dou conta de que aquilo que me interessa é uma outra coisa diferente, ou seja, não uma coisa determinada, mas tudo que fica excluído daquilo que deveria escrever: a relação entre este argumento determinado e todas suas variantes e alternativas possíveis, todos os acontecimentos que o tempo e o espaço possam conter. É uma obsessão doravante, destruidora, suficiente para me bloquear. Para combatê-la, procuro limitar o campo do que pretendo dizer, depois dividi-lo em campos ainda mais limitados, depois subdividir também estes, e assim por diante. Uma outra vertigem então se apodera de mim: a do detalhe do detalhe do detalhe, vejo-me tragado pelo infinitesimal, pelo infinitamente mínimo, como antes me dispersava no infinitamente vago".

Esta citação evocou em mim duas associações: a primeira delas, com a assim chamada "loucura de Saussure"

(Henry, 1993), a segunda, com o processo de deriva dos sentidos, descrito por Pêcheux (1990). Na verdade, parece-me que Calvino está, sem saber, referindo-se a tais coisas, quando descreve essa contradição em que se encontra no processo de escrita: procurando a exatidão, ele sente-se em uma encruzilhada que se bifurca entre a busca pelas palavras que dariam conta, "com a maior precisão possível, do aspecto sensível das coisas" (1990, p. 88), e a "redução dos acontecimentos a esquemas abstratos que permitissem o cálculo e a demonstração de teoremas" (ibid.). E nesse processo o autor vê-se duplamente perdido, ou seja, sem controle daquilo que pretende que seja exato, isso porque a passagem dos significados aos significantes não é automática, não está já-lá, pronta para ser encontrada. E isto acontece porque o seu desejo de objetividade e de controle choca-se com a duplicidade de ser ao mesmo tempo o sujeito do discurso, que, como tal, é incompleto por definição (cf. Orlandi, 1988).

Assim, procurando a exatidão, Calvino acaba encontrando o incerto, o impreciso, e aproxima-se daquilo que, como já foi dito, Paul Henry (1993, p. 14) descreve como "a loucura de Saussure" ("Sob as palavras, ela encontra as próprias palavras, não o sentido" e sua resistência em "reconhecer no anagrama algo que escaparia do domínio consciente do poeta", que é exatamente o controle total do sentido.

Quanto a Pêcheux, a seguinte passagem deste autor parece ter sido produzida exatamente para antepor-se ao desejo/dilema de Calvino (1990, p. 56): "Não se trata de pretender [...] que todo discurso seria um aerólito miraculoso, independente das redes de memória e dos trajetos sociais nos quais ele irrompe, mas de sublinhar que só por sua existência, todo discurso marca a possibilidade de uma desestruturação — reestruturação dessas redes e trajetos: todo discurso é o índice potencial de uma agitação nas filiações sócio-históricas de identificação, na medida em que este constitui ao mesmo tempo um efeito dessas filiações e um trabalho de deslocamento no seu espaço.

Para Pêcheux, esse *trabalho* é "*mais ou menos consciente, deliberado, construído ou não, mas de todo modo atravessado pelas determinações*" (1990, p. 56, grifo meu).

Em síntese, o dilema de Calvino poderia ser convertido às seguintes colocações de Pêcheux (1990, p. 51): "O objeto da linguística (o próprio da língua) aparece assim atravessado por uma divisão discursiva entre dois espaços: o da manipulação de significações estabilizadas, normatizadas por uma higiene pedagógica do pensamento, e o de transformações do sentido, escapando a qualquer norma estabelecida *a priori*, de um trabalho do sentido sobre o sentido, tomados no relançar infinito das interpretações".

Aquele Calvino que pensa poder controlar totalmente o que vai dizer e como vai dizer está preso a uma visão da escrita que se filia ao que Pêcheux denomina "o inferno da ideologia dominante e o empirismo prático, considerados como ponto cego, lugar de pura reprodução do sentido" (1990, p. 52). Lugar da estabilização, portanto. Porém, esse desejo de controle acaba presa do "equívoco da língua", do deslizamento de sentidos, dos rearranjos de significantes que resultam do processo de interpretação. É a "lalangue", de Milner, agindo sobre "a língua". Segundo de Lemos (1994), "a 'lalangue' sai da ordem do que liga para a ordem do que distingue, que difere, que sempre envia para o outro; a 'lalangue' é da ordem da dispersão, do que não faz unidade, [...] é aquilo que está sempre pronto a virar outra coisa". Estabilização que dá a ilusão do controle, por um lado; dispersão/deriva, que produzem o desamparo, a impotência, por outro.

O poder da escrita: inconsciente e historicidade

Trazendo essas colocações para a reflexão sobre por que a escrita faz os homens sentirem-se tão poderosos, ocorre-me que a automatização dos movimentos utilizados no ato de escrever (da esquerda para a direita; de cima para baixo, nas escritas alfabéticas), aliado ao processo de segmentação (separação em "palavras", regras para divisão de sílabas "no final da linha" etc.), à delimitação do espaço onde a escrita será executada e à materialização (visual) da linguagem que é produzida, acabam encobrindo, mascarando o trabalho da "lalangue", da deriva sempre possível dos sentidos, e, em consequência, acabam fornecendo uma ilusão de completude, do controle do sentido para quem escreve. Por isso, o sujeito da escrita acredita que "planejou" e disse (escreveu) exatamente o que pretendia.

Ora, acontece que há sempre o *Outro* atravessando o discurso, tanto oral, quanto escrito. Entra aí a *interpretação*, trabalho que é determinado tanto por mecanismos sócio-históricos, quanto por mecanismos inconscientes.

A forma como estes últimos contribuem para o processo de deriva está bem descrita, a meu ver, em Attié (1989, p. 27): "O efeito que o escritor busca é sempre de ordem formal e pode ser chamado de beleza; sob este termo é possível designar a visão não só do escritor, mas de todo artista. A beleza é alguma coisa como a perfeição de uma forma, de uma fórmula, onde o que se busca dizer se diz de um jeito absoluto: fórmula matemática onde não há nada mais a acrescentar, nem a eliminar e que parece ter sido, durante todo tempo, escrita em alguma parte, esperando apenas a ocasião de se revelar. Fórmula, entretanto, que *extravasa, em todos os sentidos, aquilo que se tentava dizer justamente, pois sua perfeição é enigma e o que a define é esta parte do diabo como excesso e excedente de sentido que não se domina jamais*" (grifos meus).

Essa incompletude e esses deslizamentos estão determinados, como já dissemos, por mecanismos tanto ideológicos (as filiações históricas de Pêcheux), quanto inconscientes (a relação com o simbólico, segundo Lacan).

Attié (1989) compara a escrita literária com a "escrita" analítica. Diz ele que as duas se aproximam por meio de um paradoxo: enquanto na literatura a escrita adquire um caráter de permanência, de coisa definitiva, na "escrita" analítica (aquela que "se mantém sobre o divã") esse "escrever-se" faz-se por intermédio de "uma fala muito solta, destinada a desaparecer logo que proferida" (p. 26). Para o autor, no entanto, o que une as duas "escritas" é a estruturação do desejo: o desejo de escrever, que se traveste de uma necessidade consciente de escrever, mesmo quando não sabe exatamente o que (ou como) dizer, no caso da literatura, e a impossibilidade de articulação desse desejo, no caso da escrita analítica, impossibilidade esta que acaba por fundamentar-se e amarrar-se na repetição, no reescrito, enquanto trabalho do inconsciente.

Os dois discursos, segundo Attié (1989, p. 27) "se mantêm a partir de um não saber inicial, mas se o primeiro [*o literário*] tem a verdade numa posição de causa e de efeito, para o segundo [*o analítico*] a verdade está apenas numa posição de causa, formulada justamente na questão da origem".

Assim, o sujeito da escrita literária está sob a ilusão de que controla os significantes de seu processo de deriva, criando assim um "efeito de beleza" que é, para ele, "uma espécie de encontro, uma verdade de todo tempo, o avesso provavelmente do sentimento de estranheza". (Attié, 1989, p. 26). Uma ilusão do encontro de si mesmo; portanto, sustentada pela fantasia de estar criando o singular, ou, nas palavras de Attié, um encontro de "sua própria continuidade", o que lhe dá a ilusão da plenitude do sentido, do completamente cheio (equivalente ao encontro, à conquista de novos significantes). Já o sujeito do discurso neurótico repete "esterilmente o mesmo", seu discurso fica sem continuidade, impossibilitando-o de "deslocar-se de suas próprias representações constituindo sua própria história e se constituindo como sujeito nessa história" (1989, p. 27).

No entanto, quero acrescentar aqui que não se trata de dois sujeitos, duas individualidades, e sim de duas posições, de dois efeitos. Não é o caso, portanto, de dizer que o sujeito da escrita literária não coincide, ou não coexiste com o da escrita analítica, como se o escritor fosse livre de neuroses e o neurótico fosse impedido de produzir beleza...

Outro fator que, a meu ver, dá uma impressão de poder aos que dominam a escrita está colocado por Sylvain Auroux (1992). Refiro-me à postulação do conhecimento de um "saber metalinguístico" que, segundo o autor, deve seu aparecimento à existência da escrita. Este "saber" corporifica-se na forma de "instrumentos linguísticos", que são as gramáticas e os dicionários, e cujo aparecimento, conforme Auroux, "não deixa intactas as práticas linguísticas humanas", visto que, com base nesses instrumentos, "constituíram-se espaços/tempos de comunicação cujas dimensões e homogeneidade são sem medida comum com o que pode existir em uma sociedade oral" (1992, p. 70). Apesar de não serem determinantes do "aprendizado" das línguas, esses instrumentos (principalmente a gramática), no entanto, determinam e sobredefinem "a prática linguística real".

Além disso, são instrumentos de dominação, principalmente sobre as sociedades ágrafas, que, por não terem escrita, não possuem gramática nem dicionário.

Uma das consequências importantes da codificação do saber linguístico nas gramáticas e dicionários foi o aparecimento da *alteridade*. Segundo Auroux (1992, p. 22), "o florescimento do saber linguístico [...] tem sua fonte no fato de que a escrita, fixando a linguagem, objetiva a alteridade e a coloca diante do sujeito como um problema a resolver". Nesse sentido, os trabalhos de Eni Orlandi sobre o discurso fundador (v. g., 1991), que mostram como somos construídos como outros de nós mesmos e para nós mesmos dentro do discurso (escrito) dos "descobridores", são importantíssimos para mostrar essa relação entre o poder da escrita (ou de quem escreve) e a submissão à qual é submetido o iletrado.

Conclusão

Então parece que, mesmo dividido entre a ilusão do controle e a deriva do sentido imposta pelo inconsciente e pela ideologia, o sujeito letrado e alfabetizado é, de fato, mais poderoso do que o sujeito letrado não alfabetizado. A inserção em uma sociedade letrada não garante formas iguais de participação. O acesso ao conhecimento também não está livremente à disposição de todos. Assim, o domínio de um *script* e das práticas discursivas determinadas pelo discurso da escrita garantem uma participação mais efetiva nas práticas sociais, além de darem aquela ilusão necessária, mesmo sendo ilusão, de que fazemos "um" com o que pensamos e com o que escrevemos. Estão aí colocados alguns elementos iniciais para se pensar a relação entre dominação/poder e letramento. Metodologicamente, isso só pode ser levado a efeito pela teoria da Análise do Discurso "clássica" (quero dizer, a de Pêcheux), que considera a produção de sentidos determinada tanto por fatores sócio-históricos, sujeitos à ideologia, quanto por fatores inconscientes, afetados pelo desejo.

Referências bibliográficas

ABRAHÃO, N. L. *A preservação do saber popular em uma mulher negra, analfabeta, de 3ª idade*. Relatório Científico de I. C. FAPESP, 1992.

ALVARES, A. M. *A narrativa como processo de significação das experiências de uma mulher negra e analfabeta*: a questão da autoria. Relatório Científico de Aperfeiçoamento CNPq, 1993.

ANDERSON, A. B.; STOKES, S. J. Social and institutional Influences in the Development and Practice of Literacy. In: GOELMAN, H.; OBERG, A.; SMITH, F. (Eds.). *Awakening to Literacy*. Londres: Heineman Educational Books, 1984.

ARONOWITZ, S. *The Crisis in Historical Materialism*: Class, Politics and Culture in Marxist Social Theory. Nova York: Praeger, 1981.

ATTIÉ, J. O dito/o escrito — o necessário, o impossível, o contingente. *Isso-Despensa Freudiana*, 1:26-30, 1989.

AUROUX, S. *A revolução tecnológica da gramatização*. Campinas: Ed. da UNICAMP, 1992.

BAKHTIN, M. M. *The Dialogic Imagination*: Four Essays by M. M. Bakhtin. Texas: University of Texas Press, 1981.

_____. *Estética de la creación verbal*. México: Siglo Veintiuno, 1985.

BERTELSON, P.; GELDER, B. de; TFOUNI, L. V.; MORAIS, J. Metaphonological Abilities of Adult Illiterates: New Evidence of Heterogeneity. *European Journal of Psychology*, 1(3):239-250, 1990.

BRES, J. Praxis, production de sens/d'identité, récit. *Languages*, 93:23-44, 1989.

BRUNER, J. *Actual Minds, Possible Worlds*. Cambridge: Harvard University Press, 1986.

CALVINO, I. *Seis propostas para o próximo milênio*. São Paulo: Companhia das Letras, 1990.

CHADWICK, H. M. The Heroic Age. Cambridge: Cambridge University Press. *Awakening to Literacy*. Londres: Heineman Educational Books, 1912.

DONALDSON, M. *Children's Minds*. Glasgow: Fontana, 1978.

DRUMMOND DE ANDRADE, C. "O outro". In: *Corpo*. Rio de Janeiro: Record, 1987.

EWALD, J. Hinduism and Scriptural Authority in Modern Indian Law. *Comparative Studies in Society and History*, 30(2):199-224, 1988.

FOUCAULT, M. Qu'est-ce qu'un Auteur? *Litoral*, 9, 1983.

FERREIRO, E. *Reflexões sobre alfabetização*. São Paulo: Cortez — Autores Associados, 1987.

GALLO, S. L. *Discurso da escrita e ensino*. Campinas: Ed. da Unicamp, 1992.

GINZBURG, C. *O queijo e os vermes*. São Paulo: Companhia das Letras, 1987.

GIROUX, P. *Pedagogia radical*. São Paulo: Cortez — Autores Associados, 1983.

GOODY, J. (Ed.). *Literacy in Traditional Societies*. Nova York: Cambridge University Press, 1968.

GOOYD, J. (Ed.). *The Domestication of the Savage Mind*. Nova York: Cambridge University Press, 1977.

_____. *The Logic of Writing and The Organization of Society*. Nova York: Cambridge University Press, 1986.

_____. *The Interface between the Written and the Oral*. Cambridge: Cambridge University Press, 1987.

GOODY, J.; WATT, I. The Consequences of Literacy. In: GOODY, J. (Ed.). *Literacy in Traditional Societies*. Nova York: Cambridge University Press, 1968.

GOUGH, K. Implications of Literacy in Traditional China and India. In: GOODY, J. (Ed.). *Literacy in Traditional Societies*. Nova York: Cambridge University Press, 1968.

GREENFIELD, P. M. Oral and Written Language: the Consequences for Cognitive Development in Africa, the United States and England. *Language and Speech*, 15:169-78, 1972.

HAVELOCK, E. *Origins of Western Literacy*. Toronto: Ontario Institute for Studies in Education, 1976.

HAYWARD, J. (Ed.). *The Penguin Book of English Verse*. Victoria: Penguin Books, 1958.

HENRY, P. Sentido, sujeito, origem. In: ORLANDI, E. P. (Org.). *Discurso fundador*. Campinas: Ed. da Unicamp, 1993.

HILDYARD, A.; OLSON D. Literacy and the Specialization of Language. Ontario Institute for Studies in Education, 1978. (Mimeo.)

HIRSCH, JR. E. D. *Cultural Literacy*. Boston: Houghton Mifflin, Co., 1987.

JACOB, E. Learning Literacy through Play: Puerto-Rican Kindergarten Children. In: GOELMAN, H.; OBERG, A.; SMITH, F.

(Eds.). *Awakening to Literacy*. Londres: Heineman Educational Books, 1984.

LANGER, J. A Socio-Cognitive Perspective on Literacy. In: LANGER, J. A. (Ed.). *Language, Literacy and Culture: Issues of Society and Schooling*. New Jersey: Ablex Publishing, Corp, 1987.

LEMOS, C. T. G. de. Teorias da diferença e teorias do *déficit*. Anais do Seminário Multidisciplinar de Alfabetização. INEP/MEC, 1984.

_____. *Processos metafóricos e metonímicos no funcionamento discursivo*. Conferência proferida no Departamento de Psicologia e Educação da FFCL de Ribeirão Preto, Universidade de São Paulo, 1994.

LÉVY-BRÜHL. *Les Fonctions mentales dans les societés inférieures*. 1910. (Trad. ingl. *How Natives Think*. Londres, 1926).

LURIA, A. R. *Cognitive Development*: Its Cultural and Social Foundations. Cambridge: Harvard University Press, 1977.

MAINGUENEAU, D. *Élements de linguistique pour le texte littéraire*. Paris: Dunod, 1993.

MALINOWSKI, B. O problema do significado em linguagens primitivas. In: OGDEN, C. K.; RICHARDS, I. A. (Eds.). *O significado de significado*. Rio de Janeiro: Zahar Editores, 1976.

MIYOSHI, M. The "great divide" once again: Problematics of the Novel and the Third World. *Culture and History*, 3, 7-22, 1988.

OLSON, D. From Utterance to Text: The Bias of Language in Speech and Writting. *Harvard Educational Review*, 47, 1977.

_____. See! Jumping! Some Oral-Antecedents of Literacy. In: GOELMAN, H.; OBERG, A.; SMITH, F. (Eds.). *Awakening to Literacy*. Londres: Heineman Educational Books, 1984.

ORLANDI, E. P. *A linguagem e seu funcionamento*. Campinas: Pontes, 1987.

ORLANDI, E. P. A incompletude do sujeito — e quando os outros somos nós? In: ORLANDI, E. P. et al. (Eds.). *Sujeito e Texto*. São Paulo: EDUC, 1988.

_____. *Terra à vista! Discurso do confronto*: Velho e Novo Mundo. São Paulo: Cortez; Campinas: Ed. da Unicamp, 1991.

_____. *As formas do silêncio no movimento dos sentidos*. Campinas: Ed. da Unicamp, 1992.

_____. *Vão surgindo sentidos*. s/d. (Mimeo.)

ORLANDI, E. P.; GUIMARÃES E. Unidade e dispersão: uma questão do texto e do sujeito. In: ORLANDI, E. et al. *Sujeito e Texto*. São Paulo: EDUC, 1988.

PACÍFICO, S. M. R. *Argumentação e autoria*: o silenciamento do dizer. Tese de Doutorado. FFCLRP-USP, 2002.

PÊCHEUX, M. *Analyse automatique du discours*. Paris: Dunod, 1969.

_____. *Semântica e discurso* — uma crítica à afirmação do óbvio. Campinas: Ed. da Unicamp, 1988.

_____. *O discurso*: estrutura ou acontecimento. Campinas: Pontes, 1990.

_____. Análise automática do discurso. In: GADET, F.; HAK, T. (Orgs.). *Por uma análise automática do discurso*. Campinas: Ed. da Unicamp, 1993.

RICOEUR, P. *Temps et récit*. Paris: Seuil, 1983.

SCHOLLES, R.; KELLOG, R. *A natureza da narrativa*. São Paulo: McGraw-Hill, 1977.

SCRIBNER, S.; COLE M. *The Psychology of Literacy*. Cambridge, Mass: Harvard University Press, 1981.

STREET, B. *Literacy in Theory and Practice*. Cambridge: Cambridge University Press, 1989.

STRICHT, T. G. The Development of Literacy. *Curriculum Inquiry*, 8(4), 1978.

TANNEN, D. The orality of literature and the literacy of conversation. In: LANGER, J. A. (Ed.). *Language, Literacy and Culture: Issues of Society and Schooling*. New Jersey: Ablex Publishing Corp, 1987.

TEALE, W. Toward a Theory of how Children Learn to Read and Write Naturally. *Language Arts*, 59(6):555-570, 1982.

TFOUNI, L. V. O resgate da identidade: investigação sobre o uso da modalidade por adultos não alfabetizados. *Cadernos de Estudos Linguísticos*, 7:59-75, 1984.

_____. *Adultos não alfabetizados*: o avesso do avesso. Tese de doutoramento. Instituto de Estudos da Linguagem. Universidade Estadual de Campinas, 1986.

_____. A inteligência prática e a prática da inteligência. *Arquivos Brasileiros de Psicologia*, 39(3):44-56, 1987.

_____. Estudo de caso de uma mulher negra, analfabeta, de terceira idade, do ponto de vista sociointeracionista. *Anais da 18ª Reunião Anual da Sociedade Brasileira de Psicologia*, 1988.

_____. *Adultos não alfabetizados*: o avesso do avesso. Campinas: Pontes Editores, 1988a.

_____. O letramento enquanto processo sócio-histórico. *Anais da 20ª Reunião Anual da Sociedade de Psicologia de Ribeirão Preto*. Ribeirão Preto, SP, 1990.

_____. *Letramento e analfabetismo*. Tese de livre-docência. FFCLRP-USP, 1992a.

_____. O dado como indício e a contextualização do(a) pesquisador(a) nos estudos sobre compreensão da linguagem. *DELTA*, 8(2):205-223, 1992b.

TFOUNI, L. V. Perspectivas históricas e a-históricas do letramento. *Cadernos de Estudos Linguísticos*, 26, p. 49-62, 1993.

_____. A escrita: remédio ou veneno? In: AZEVEDO, M. A.; MARQUES, M. L. (Org.). *Alfabetização hoje*. São Paulo: Cortez, 1994.

_____. A emergência da função poética nos textos produzidos por um adulto que aprendeu a ler e escrever na prisão. *Revista da Anpoll*, 5, 1339-1350, 1998.

TFOUNI, L. V.; ABRAHÃO N. *Análise de uma narrativa de ficção oral produzida por uma mulher analfabeta*. Trabalho apresentado na 22ª Reunião Anual da SBP. Ribeirão Preto, SP, 1992.

TFOUNI, L. V.; ALVARES A. M. *A questão da autoria em narrativas de ficção orais produzidas por uma mulher analfabeta*. Trabalho apresentado no 1º Congresso da Associação Brasileira de Linguística. Salvador, BA, 1994.

VALVERDE, J. M. *História do pensamento*. São Paulo: Nova Cultural. v. I, fasc. 1, 1987.

VYGOTSKY, L. *A formação social da mente*. São Paulo: Martins Fontes, 1984.

GRÁFICA PAYM
Tel. [11] 4392-3344
paym@graficapaym.com.br